里仁為美、折柳送別、闔家團圓，
熟悉的詞彙，藏著傳統生活習慣！

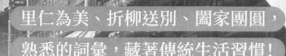

樂律

中國社會風俗史

從住居節氣

一探古代社會風情
與人生哲理

秦永洲 著

U0087422

「齊有善相狗者，其鄰假以買取鼠之狗。」
古代的獵犬不只要會看門，還得會捉鼠？
「冬至前後，君子安身靜體，百官絕事不聽政。」
在過去，冬至被明文規定甚麼都不能做，上班也不行！

本書將提供一扇觀察古代中國社會生活與文化的窗口，
藉由對不同時期和地點的風俗考察，
展現一幅多彩的歷史文化畫卷！

目錄

歲時風俗

前言

　　社會風俗是歷代相沿積久、約定俗成的風尚、禮節、習慣的總和，也是人們在衣食住行、婚喪生老、歲時節慶、生產活動、儒學思想、文化娛樂等方面廣泛的行為規範。它是一個國家、民族、地區的物質生活、科學文化、價值觀念、文化心理等社會物質文明和精神文明在日常生活中的反映。

一

　　關於風俗，中國古代有「風」、「風俗」、「民風」、「習俗」、「謠俗」等說法。西漢毛亨《詩·周南·關雎詁訓傳》講道：

　　風之始也，所以風天下而正夫婦也。故用之鄉人焉，用之邦國焉。風，風也，教也；風以動之，教以化之。詩者，志之所之也，在心為志，發言為詩。情動於中，而形於言。言之不足，故嗟嘆之，嗟嘆之不足，故永（詠）歌之，永歌之不足，不知手之舞之，足之蹈之也。情發於聲，聲成文謂之音。治世之音安以樂，其政和；亂世之音怨以怒，其政乖；亡國之音哀以思，其民困。故正得失，動天地，感鬼神，莫近於詩。先王以是經夫婦，成孝敬，厚人倫，美教化，移風

俗。故詩有六義焉。一曰風,二曰賦,三曰比,四曰興,五曰雅,六曰頌。上以風化下,下以風刺上。主文而譎諫,言之者無罪,聞之者足以戒,故曰風。

所謂的「風」,是氏族民主社會上下溝通的語言,也是遠古民眾品評政治、臧否人物、參政議政的管道。「上以風化下」,即「風教」、「風化」;「下以風刺上」,即「風謠」、「風諫」、「風刺」。「風」反映了在氏族民主制時代上下間的互動,即「風以動之,教以化之」。「風」所採用的形式就是詩、言、嗟嘆、詠歌、舞蹈、音等。《詩經》中的風、雅、頌也都是風。

由此我們可以理解「風」與詩、歌、謠,以及音樂、舞蹈的關係。

《尚書·舜典》稱:「詩言志,歌詠言。」詩和歌,就是要把自己的意志、言論表達出來。上述「在心為志,發言為詩」、「永(詠)歌」即是此意。

《詩·魏風·園有桃》云:「我歌且謠。」東漢鄭玄箋曰:「曲和樂曰歌,徒歌曰謠。」

歌是一種有宮商曲調,配以鐘石管絃伴奏的詩,或者是沒有伴奏,但有曲調的清唱。古代「民歌之日」之類的歌,在一般場合下都沒有管絃伴奏,即使在祭祀、鄉飲等隆重場

合下，高層統治者的歌有時也不用管絃。漢高祖入宗廟，「獨上歌，不以管絃亂人聲，欲在位者遍聞之，猶古〈清廟〉之歌也」[001]。漢高祖的歌和祭祀周文王的〈清廟〉之歌沒有管絃，但都稱作歌。齊莊公到崔杼家與棠姜偷情，「拊楹而歌」[002]；楚狂接輿歌而過孔子曰：「鳳兮，鳳兮！何德之衰，往者不可諫，來者猶可追。」[003]齊國孟嘗君的食客馮驩彈劍歌曰：「長鋏歸來乎！」[004]顯然都沒有伴奏。

《左傳·僖公五年》載：「童謠云：『丙之晨，龍尾伏辰。』」孔穎達疏曰：「徒歌謂之謠，言無樂而空歌，其聲逍遙然也。」謠是沒有宮商曲調，但有節奏的順口溜。

從上述「永歌之不足，不知手之舞之，足之蹈之也」來看，手的動作稱作「舞」，腳的動作稱作「蹈」，都是用來幫助表達語言的，也是「風」的組成部分。

風又可稱作「音」，上述「聲成文謂之音」、「治世之音」、「亂世之音」、「亡國之音」即是。音與樂相連即為「音樂」，都是遠古時代用來聽政議政的。《淮南子·氾論訓》載：「禹之時，以五音聽治。懸鐘、鼓、磬、鐸，置鞀，以待四方之士。為號曰：教寡人以道者，擊鼓；諭寡人以義

---

[001] 《漢書·禮樂志》，北京：中華書局，1962 年版。
[002] 〈左傳·襄公二十五年〉，載《十三經註疏》，北京：中華書局，1980 年版。
[003] 〈論語·微子〉，載《諸子整合》，上海：上海書店，1986 年影印版。
[004] 《戰國策·齊策四》，上海：上海古籍出版社，1985 年版。

者，擊鐘；告寡人以事者，振鐸；語寡人以憂者，擊磬；有獄訟者，搖鞀。」這裡的「五音」，可以是宮、商、角、徵、羽，也可以是鐘、鼓、磬、鐸、鞀等奏出的音樂，它們都是「風」的組成部分。《國語·周語上》載：「天子聽政，使公卿至於列士獻詩，瞽獻曲，史獻書，師箴，瞍賦，矇誦，百工諫，庶人傳語。」詩、曲、書、箴、賦、誦、諫、語等，也都是「風」。

由此我們可以理解孔子講的「移風易俗，莫善於樂」[005]的道理所在了。《呂氏春秋·仲夏記·適音》講道：「凡音樂通乎政，而移風平俗者也。俗定而音樂化之矣。故有道之世，觀其音而知其俗矣。」《史記·樂書》載：「博採風俗，協比音律。」這些都表明：音樂是「風」的表現形式。

自封建文化專制形成後，統治者把這些詩、賦、歌、謠稱作「詩妖」，再也登不得朝堂，只能在民間流傳了。《漢書·五行志中之上》載：「君炕陽而暴虐，臣畏刑而柑（鉗）口，則怨謗之氣發於歌謠，故有詩妖。」《韓詩外傳》卷三第九章載：「無使百姓歌吟誹謗，則風不作。」後來史書中的「時人為之語曰」、「諺曰」、「時人號曰」等，也都是「風」。

俗，指長期形成的禮節、習慣。《說文八上·人部》稱：「俗，習也。」《禮記·曲禮上》載：「入竟（境）而問禁，

---

[005] 〈孝經·廣要道〉，載《十三經註疏》，北京：中華書局，1980 年版。

入國而問俗，入門而問諱。」據唐朝賈公彥之疏，「禁」指諸侯國中政教所忌；「俗」，謂常所行也，即習以為常的行為；「諱」，主人的祖先、國君的名諱。三者都是日常生活中的習慣、禁令、忌諱。用通俗的話說，就是該說、該做的，以及不該說、不該做的。

嚴格講，風俗和民俗的含義並不完全一致。民俗的說法缺了「風」這一塊內容。現代民俗學作為學科性用語，是北京大學 1922 年創辦《歌謠》週刊時，在發刊詞中根據英語「Folklore」確立的，這個「民俗」雖在中國古代已廣為人知，但作為一個外來語，應該也涵蓋了風和俗兩種含義。

在實際運用中，「風」和「俗」往往混同為一個概念了。《漢書·王吉傳》講：「百里不同風，千里不同俗，戶異政，人殊服。」《漢書·五行志下之上》載：「夫天子省風以作樂」，東漢應劭注：「『風』，土地風俗也。」這裡的「風」和「俗」，指的都是風俗。

《漢書·地理志》載：「凡民函五常之性，而其剛柔緩急，音聲不同，系水土之風氣，故謂之風；好惡取捨，動靜亡常，隨君上之情慾，故謂之俗。」班固認為，自然條件不同而形成的風俗叫做風；社會條件不同而形成的風俗叫做俗。從表面看，班固的解釋與毛亨的解釋不一致，其實他是為了說明「百里不同風，千里不同俗」的道理。而且，他講

的是風俗的形成，而不是風俗的含義。

在現代民俗學中，習慣用「民俗」，一般都界定為：民俗是存在於民眾中，為民眾所創造、傳承的社會文化傳統。從這個意義上講，民俗即民間風俗。

其實，上與下、民眾和官員、民間和官方的界限很難說清。漢武帝將細君嫁烏孫昆莫老王為右夫人。昆莫老為傳位，要把細君嫁給其孫岑陬，公主上書言狀。漢武帝回信說：「從其國俗，欲與烏孫共滅胡。」[006] 漢武帝實行和親政策，昆莫老王為傳位而嫁細君，都是政府行為，但又要遵從當地民間的風俗。另外，許多風俗現象都是朝廷、政府倡導，經反覆傳襲而形成的。現在清明節、端午節、中秋節放假，既是國家的休假制度，又融入社會風俗之中。是否可以這樣說：風俗不僅流行於民間，也流行於官方，即上述「用之鄉人焉，用之邦國焉」。而且，越往遠古，「用之邦國」的越多。我覺得還是用一個大概念比較穩妥：「社會風俗」。本書敘述的風俗現象、物象，也不僅僅局限於民間。

由於「風」是民眾品評政治、臧否人物的語言，遠古統治者非常注意聽取這些言論。《淮南子·主術訓》載：「堯置敢諫之鼓，舜立誹謗之木。」《後漢書·楊震傳》叫「諫鼓謗木」。

---

[006] 《資治通鑑·武帝元封六年》，北京：北京古籍出版社，1956 年版。

所謂「誹謗之木」，類似現在的「意見箱」。崔豹《古今注‧問答釋義》載：「程雅問曰：『堯設誹謗之木，何也？』答曰：『今之華表木也。以橫木交柱頭，狀若花也，形似桔槔，大路交衢悉施焉。或謂之表木，以表王者納諫也，亦以表識衢路也』。」

　　北京天安門前有一對漢白玉雕刻的華表，下面是筆直的柱身，雕刻著蟠龍流雲紋飾，柱的上部橫插著一塊雲形長石片，一頭大，一頭小，似柱身直插雲間，仍然保持了「以橫木交柱頭」、「形似桔槔」的基本形制，就是堯舜時代的誹謗之木。它是民主和「王者納諫」的代表。

天安門華表

二

關於社會風俗的特點，許多民俗學專家都做過系統論述，筆者在此掛一漏萬，僅談自己一得之淺見。

（一）社會風俗屬於俗文化。

在 20 世紀的文化研究中，又把文化分為雅文化和俗文化。雅文化是一種自覺的、表現為典籍形態的思想體系，流行於知識層次較高的階層，對社會的影響深刻而狹窄。俗文化以世俗生活為中心，是民眾自發的、無意識的文化心理，對社會的影響膚淺而廣泛。

二者之間，只有形式上的自覺思想體系與民眾直觀體認，典籍形態與世俗傳承的區別，實際上雅中有俗、俗中有雅，由俗到雅，由雅到俗。《論語》、《孟子》中的語錄不僅記載於典籍，也被世俗傳誦。《詩經》原本是當時的民謠俚曲，亦即上述的「風」，後世竟成為儒家的經典。

雅俗文化之間存在一種雙向互動關係，它與各種思想理論體系間互相吸收不同，具有矛盾組合性的種種特徵。

第一，非邏輯性和多元相容性。雅文化中矛盾對立的價值觀念，牴牾相悖的思想命題，可以同時被俗文化選擇和認同。孔子的「食不厭精，膾不厭細」與墨子的「量腹而食，度身而衣」在飲食風俗中並行不悖，而蘊含的基本文化精神卻又是一致的。

第二，雅俗文化互動中的創造性。雅文化的思想內容一旦滲透到民間，經過民眾的直觀體認，往往賦予更深刻的內涵和更準確的掌握。「君子愛財，取之有道」的俗語，比孔子「富與貴是人之所欲也，不以其道得之不處也」的表述，更為簡明而精準。

　　第三，漸進而穩固的傳承性。文化的真正的存在價值和真實的生命力在於俗文化。在儒學被排斥，墨學中衰的時代，社會風俗仍始終不渝地運載著儒墨思想的基本精神。所謂「禮失求諸野」，即指此。

　　第四，滲透的廣泛性和承載的無意識性。雅文化中仁、義、禮、智、信的君子品格滲透到社會的各方面，甚至影響到那些殺人越貨的江洋大盜和黑社會集團，形成了「盜亦有道」，講求江湖信義等荒謬而合理的江湖道德品格，而殺人不眨眼的李逵放掉有「孝順之心」的李鬼，還給了他十兩銀子，並沒了解到這是傳承了儒家的孝道。

　　第五，雅文化對俗文化的控制性。兩千年來，作為正統統治思想的儒學始終控制著社會風俗的發展方向。孔子的「移風易俗」為歷代統治者奉行不悖，「子曰」成為判定一切是非的標準。

　　（二）社會風俗是一種普遍的道德維存力量。

　　除行政、法律手段外，道德維存力量主要有四個：第

一，追求個體品格完善的道德自律；第二，社會輿論監督力量的他律；第三，朝廷、政府表彰、旌揚等道德回報機制的激勵；第四，互利、互惠的道德等價交換。這四種維存力量都屬於社會風俗的範疇。

儒家思想很早就提出了仁、義、禮、智、信、忠、孝、節、廉、溫、良、儉、讓、恭、寬、敏、惠等倫理道德素養。社會風俗不斷承接著儒家雅文化層次規範化的引導，將其落實到世俗社會。僅以飲食為例，講座次、舉案齊眉是禮；食君祿、報王恩是忠；吃飯穿衣敬父母是孝；宣傳孔融讓梨是悌；講滴水之恩，當湧泉相報，一飯千金是信義；志士不飲盜泉之水，廉者不食嗟來之食，不為五斗米折腰是廉節。歲月的推移又不斷增加著風俗的約束力和權威性，使它成為一種強固的社會輿論監督力量，一方面激勵著人們加強個體品格的自律，抑制著社會公德的淪喪；另一方面，一些陳規陋俗也摧殘著人們的心靈，束縛著人們的正當行為。

所以中國傳統道德的真正存在價值在於社會風俗之中，在俗文化層次無不流動著雅文化的基本精神。

（三）越往遠古，社會風俗就越是國家政治的組成部分。

最早出現的媒人是國家法定的官員，《周禮》中的「媒氏」，齊國的「掌媒」，都是官媒。齊國的掌媒負責「合獨」，是齊國的「九惠之教」之一。設立媒妁是國家推行的

婚姻法，它與安定民生、培養稅源、富國強兵的統治政策連繫在一起，亦即它是一種政府行為。西元前651年齊桓公在葵丘大會諸侯，訂立的盟約竟然有「誅不孝，無易樹子，無以妾為妻」。其中，「誅不孝」、「無以妾為妻」，都屬於社會風俗的內容。

不光是婚姻，其他風俗莫不如此。如歲時節慶，《尚書·舜典》孔穎達疏曰：「節氣晦朔，皆天子頒之。」古代祭祀是政治權力的象徵，「國之大事，在祀與戎」。西周的五禮吉、凶、軍、賓、嘉等，都是國家制定的有關風俗方面的禮制。後來衣食住行、婚喪生老等方面的風俗都是那時奠定的，因此本書把它稱作「禮俗」。

中國古代社會前期的統治者都深知移風易俗、觀覽風俗的重要性，不同程度地保留著遠古氏族民主遺風。

《管子·正世》載：「料事務，察民俗。」

《禮記·王制》載，天子「命太師陳詩，以觀民風」。

《漢書·藝文志》載：「古有采詩之官，王者所以觀風俗，知得失，自考證也。」

（四）遠古的社會風俗，反映了在生產力低下的情況下對大自然奧妙的探索，對自然、神靈的征服、改造和利用，對人類險惡生存環境的抗爭，對遠古人類生活的創造和開拓。

　　《國語・魯語上》記載的柳下惠語，明確說明了遠古祭祀的宗旨：「聖王之制祀也，法施於民則祀之，以死勤事則祀之，以勞定國則祀之，能御大災則祀之，能扞大患則祀之。非是族也，不在祀典。」殖百穀百蔬的柱和棄、平九土的后土、成命百物的黃帝、治水的大禹等，「加之以社稷山川之神，皆有功烈於民也。及前哲令德之人，所以為明質也；及天之三辰（日、月、星），民所以瞻仰也；及地之五行，所以生殖也；及九州名山川澤，所以出財用也。非是不在祀典」。古人還按照這一宗旨，對後來的神靈進行改造：觀音菩薩的楊柳枝、淨水瓶要為農業普降甘霖，佛教的四大天王要職司「風調雨順」，老天爺、玉皇、龍王、雷公、電母、風伯、雨師都要在農業社會掛職。

　　古人憑藉著感性的、質樸的認知來同危害人類的現象抗爭。除夕「逐儺」，是為了驅逐邪鬼。經過一冬的乾燥，春天一打雷，極容易引起火災，便產生了遠古禁火寒食的風俗。春季是瘟疫、流行感冒的易發季節，古人到郊外水上祓禊防疫。進入夏季五月，蛇、蠍、蜈蚣、蜂、蜮等五毒蟲和蚊、蠅等都進入旺季，受傷後的傷口也容易發炎。由於它給人們帶來的種種不幸，所以將其視為惡月，於是產生了五月端午的戴五色絲、插艾草、簪石榴花、飲雄黃酒等種種風俗。甚至是孕婦「見兔其子缺唇，見麋其子四目」，以及懷

孕期間的諸多禁忌，也反映了古人對危害人類生育現象的抗爭意識。古代多近親結婚，缺唇、連體、多指等怪胎現象屢屢恐怖著人們，為了改善一切影響胎兒發育的生長環境，才產生出種種附會。而每一種附會都向科學真理的邊緣靠近一步，最後終於探索到怪胎的原因：「男女同姓，其生不蕃（繁）。」

回首先民們的蹣跚足跡，就能領略到社會風俗中蘊含的生生不息的精神和征服自然的頑強信念。風俗的傳承是為了弘揚這一可貴文化精神，為了寄託對幸福吉祥、平安如意的美好生活的嚮往，如果仍然痴迷上述的種種說法，則演變為陋俗，演變為對自然、對宗教神靈的屈服、迷信。

三

風俗絕不僅僅是裸露在社會生活表層的現象，它溝通著歷史與現實、物質與觀念、道德與法律，折射著中華五千年的滄桑變革，至今仍有著不可估量的存在價值。

（一）在中國社會風俗中，層累地堆積著中華民族的高度智慧、高超技藝和高尚品德。

學習中國社會風俗史，能激發我們的民族自尊心和自豪感。

中國人民從3,000年前的商代就養蠶織絲，傳說中從黃帝妃子嫘祖開始。後來又創造了神奇美麗的綺、紈、錦、

緞、綾、羅、紗等精美的品牌。絲綢有柔軟結實、輕薄透明、典雅華貴的優點，直到現在還沒有一種服飾質料能超過它。自絲綢之路開闢後，絲綢成為西方人夢寐以求的珍品。唐道宣撰《廣弘明集》卷三講，漢代「胡人見錦，不信有蟲食樹吐絲而成」。羅馬執政官凱薩穿著絲綢出現在劇院，吸引了所有人的目光。人們所翹首觀望的，不是他本人，而是他穿著的華麗的絲綢衣服。當時，羅馬絲綢的價格達到 12 兩黃金一磅，為進口絲綢導致大量黃金流失，哲學家們把絲綢當成羅馬腐敗的象徵。古人的智慧為世界服飾披上了一層錦繡文采。

1972 年，長沙馬王堆出土了一件西漢時的素紗禪衣，薄如蟬翼，輕若煙霧，身長 1.28 公尺、袖長 1.95 公尺的衣服僅重 49 克。唐中宗女兒安樂公主有一件百鳥毛裙，「正視為一色，旁視為一色，日中為一色，影中為一色，而百鳥之狀皆見」，是現在也沒有的「變色裙」、「變花紋裙」。這些罕見的珍品，足以讓西方的國王、法老和貴婦人瞠目結舌。

（二）利用中國社會風俗史中轉化出的經濟價值觀念、創意能力，提高經濟效益。

從事工商業的生產和銷售，關鍵在於處理好供求關係，尤其是衣食住行方面的商品，除了解各地行情和各種經濟資訊外，更要了解當地的風俗習慣、消費觀念。

中國人很早就發現了工商業經營與社會風俗的關係。《莊子‧逍遙遊》載：「宋人資章甫而適之越，越人斷髮紋身，無所用之。」《韓非子‧說林上》載：「魯人身善織屨，妻善織縞，而欲徙於越，或謂之曰：『子必窮矣！』魯人曰：『何也？』曰：『屨為履之也，而越人跣行；縞為冠之也，而越人被髮。以子之所長，遊於不用之國，欲使無窮，其可得乎？』」不了解越國斷髮徒跣的風俗習慣，到那裡銷售章甫冠，得滯銷；具有紡織技藝的手工業者到那裡謀生，得窮困潦倒。

供求關係本身就包括文化風俗的因素。各個地區、民族、國家的文化風俗，古代在農工商經營方面累積的經驗、知識，掌握這些文化知識後而轉變出來的經營頭腦、應變能力、創意能力，既是一個工商業者的文化創造，又是必備素養，現在叫無形資產。這些年以來，先後出現了婚姻介紹所、裝修公司、搬家公司、家教公司、家政服務公司、旅遊公司，甚至還有「情感發洩吧」、「失物招領公司」、「代客祭掃」等等。這些行業能否持久、能否興盛姑且不論，但它需要經營者有這樣的頭腦創意出來，更要有敏銳的辨識力來掌握商機。

另外，將古代衣食住行物質風俗中畫素紗禪衣、百鳥毛裙那樣有實用價值的品物有選擇地挖掘出來，不僅能豐富我

們的生活，而且能創造絕高的經濟效益。

（三）社會風俗更能反映中國傳統文化的深刻內涵，透過它來掌握一個民族的文化，來得更加直觀而準確。

透過社會風俗，了解中國人在生活風俗中所表現出來的個性特徵、價值分寸、思維方式、道德標準、審美觀念，明確它在面對現代化社會生活方面的優勢和缺陷，不僅能自覺而有效地移風易俗，還能大大提高我們的道德水準和人文素養。

四

本書立足於 21 世紀的時代發展和學術研究成果，著重對具有普遍性的傳統風俗進行介紹，共分服飾、飲食、居住、行旅、歲時節日、婚姻、生老、喪葬、儒學九章內容。在敘述中，將傳統風俗與現代社會，雅文化與俗文化緊密接軌，對所涉及的風俗現象、物象，由風俗衍生出的典故、成語、諺語，均考述源流嬗變和風俗傳承。對傳統風俗在現代人心理深層和行為習慣中的存在形式，及產生的正反兩方面的影響，均結合中國傳統文化的基本特徵，以透視、品評、辨析等形式，連繫古今，進行深層次的剖析。

由於社會風俗的涵蓋十分廣泛，每一項風俗不僅都有十分豐富的內容和深刻的內涵，而且交錯重疊，難以縷述。限於篇幅，本書採用兩種處理方法：其一，寧肯掛一漏萬，而

不面面俱到。對所涉及的風俗現象、物象，不提則已，提則說深說透；其二，各章節之間互相參照，相同的內容，只在一個章節中敘述。如，清明節掃墓的內容在喪葬風俗的「掃墓和祭祖」中一併敘述；飲食風俗中的節日飲食，分散到春節、元宵節、中秋節等節日中敘述。「儒學風俗」滲透在衣食住行、歲時節慶、婚喪生老等社會生活的各方面，在該章中一概略過。

本書嚴格遵守言之有據的撰述原則，每一風俗物象、現象及語言、情節都取材於正史、經書、子書，參考相關的野史、雜著、方志，絕對不敢杜撰，絕對不敢信手拈來一些沒有依據的、稀奇古怪的道聽塗說。本書行文中，在不影響內容表述的情況下，盡量註明材料出處。同一內容的出處，只在第一次出現或者重點敘述之處註明，而不重複標註。

但願讀者朋友透過拙作，豐富知識，啟迪思維，更新觀念，接受民族精華的洗禮，衝破世俗偏見的失誤，用風俗史的眼光觀察社會，體會人生，以嶄新的精神風貌面對 21 世紀的現代化社會生活。這是本書的宗旨，也是本人的奢望。

在本書編著過程中，參閱了大量海內外學者的論著，除直接引用原文外，恕不一一註明。本人程度有限，不當之處，敬請讀者朋友和方家教正。

居住風俗

　　住居是人類生存的四大方式之一。主要包括居室、家
具、宅院、樹果、六畜等在建造、經營、使用、傳承過程中
形成的風俗習慣，以及由此而產生的文化觀念。由於住宅是
構成村落、城鎮的基本建築，它還是一個國家、民族、地
區，社會物質文明的外在標誌。

● 第一節
構木為巢的啟示

　　舊石器時代的人類，沒有建造居室的能力，處在「穴居而野處」的時代。《韓非子‧五蠹》載：「上古之世，人民少而禽獸眾，人民不勝禽獸蟲蛇。有聖人作，構木為巢，以避群害，而民悅之，使王天下，號之曰有巢氏。」有巢氏是第一個教人「構木為巢」，創立住居生活的聖人。

　　《禮記‧禮運篇》載：「昔者先王未有宮室，冬則居營窟，夏則居橧（ㄗㄥ）巢。」這是對人類營建的兩種居住形式的概括。氣候寒冷乾燥的北方，由穴居、半穴居，上升到地面房屋；炎熱潮溼的南方，由巢居、半巢居，下降為地面建築。

　　北方最原始的住居是穴居。穴居的形式有兩種。一種是橫穴居室，在向陽的山坡上挖成拱形的洞。仰韶文化中的山西石樓岔溝，龍山文化早期的內蒙古涼城圓子溝遺址，都曾發現。現在黃土高原上的窯洞，也屬於這種橫穴式居室。另一種是

有巢氏像 清人繪

豎穴居室，在平原高處或高臺上挖豎穴。距今七八千年的河南
新鄭裴李崗文化、河北武安磁山文化遺址中，都發現有口小底
大的袋狀窖穴。這兩種穴居形式，過去在陝北、山西、甘肅仍
然存在。民國二十四年甘肅《重修鎮原縣志》詳細介紹了這
方面的情況：「平、慶、涇、固人民，以木料維艱，傍山鑿穴
居之，名曰『窯』。冬溫夏涼，登高望之如蜂房。」、「至所謂
『地坑莊』者，以高原無山可依，於平地上挖一大坑，內修窯
隻，中砌水池，以防陰雨。望之不見人煙，及入其門，則雞鳴
犬吠。白叟黃童，幾疑別有天地，非人間矣。」

豎穴窰洞

半穴居的住宅，以西安半坡最著名。房屋有圓有方，通常挖 50-80 公分深，以坑壁作牆壁，周圍豎木柱支撐用草木搭成的屋頂。地面、牆壁、屋頂都塗抹草筋泥，以防雨防潮。半坡遺址中還有一處 160 平方公尺的大房間，後面有三個小房間，已初步具備一堂三室的布局。

仰韶文化晚期的房屋，已成為完全的地面建築。甘肅秦安大地灣遺址的 901 號大屋，已全建在地上。該屋以長方形的主室為中心，有左右對稱的兩側室，利用主室後牆建成單獨的後室，前面有廣闊的廣場。室內大柱（棟梁）、壁柱、屋外柱支撐梁架，牆壁不承重，僅起間隔和封閉作用。梁上有密集的木椽，椽上是草木泥。地面用草泥燒土、砂粒、石子混合壓製而成，外觀極像水泥地面。據測定，這種地面相當於 100 號水泥砂漿地面的強度。

大地灣 901 號房址的發現，說明早在 5,000 年前，遠古人類已脫離了穴居、半穴居的狀態，初步形成前院後屋，

堂和側室、後室，木構梁柱式結構等中國傳統住居的建築
模式。

南方多水卑溼，最初的巢居應在南方。《魏書‧獠傳》
載，居住在今四川西昌一帶的獠族，「依樹積木，以居其上，
名曰『干蘭』，干蘭大小，隨其家口之數」。這種以樹木為支
點，上面架鋪木板，高離地面的房屋，建築史上稱作「干欄
式」建築。

干欄式住居

在浙江餘姚河姆渡、嘉興馬家浜、江蘇吳縣（1995 年
撤縣改市，改吳縣市。2001 年撤吳縣市，原轄區劃入蘇州
市吳中區與相城區）草鞋山的新石器時代遺址中，都發現有
干欄式建築。河姆渡前期是把成排的木樁打入地下，上端用
卯榫與地梁相接，地梁上鋪設企口相接的木板，再在木板上

立柱、架梁、蓋頂。後期發展為栽柱式地面木結構建築。現代中國南方的壯、傣、布依等少數民族，仍然住這種「干欄」，一般用木、竹做椿柱、樓板和牆壁。下層有的無牆壁，有的用磚石從地面砌築。上層住人，下層養牲畜或放置農具雜物。

史前時期的住居一般為木土結構。夏商時開始用版築、土坯築牆。商王武丁的大臣傅說，就是個版築奴隸。河北藁城臺西村商代遺址的牆壁，下面用版築，上面用土坯。房柱的基礎有的已使用柱石[007]。這樣能加高牆壁和房屋，使其更加寬敞。

明朝中期山西大宅院（陶葬）

---

[007] 〈河北藁城臺西村商代遺址發掘簡報〉，載《文物》，1979 年第 6 期。

　　燒製瓦、磚也成為製陶業的一個分支。《太平御覽》卷第七六七〈雜物部二〉引《古史考》曰：「夏世昆吾氏作屋瓦。」、「烏曹氏作磚。」昆吾氏是遠古一支氏族部落，顓頊的後裔，製陶業的發明者。西周時的瓦，只用於宮殿的屋脊，春秋時，磚瓦已使用於各國的宮殿了。《左傳·隱公八年》載，齊僖公、宋殤公、衛宣公「盟於瓦屋」。《列子·湯問》張湛注：「師曠為晉平公奏〈清角〉……裂帷幕，破俎豆，飛廊瓦。」戰國時的考古遺址有瓦礫、瓦當出土。磚也叫甓（ㄆㄧ ˋ）。《爾雅·釋宮》稱：「瓴甋（ㄉㄧ ˊ）謂之甓。」西晉郭璞注：「甋（ㄉㄨ ˋ）磚也，今江東呼瓴甓。」

　　到春秋戰國為止，不僅傳統住居的基本結構確立了，住居建設所用的木、石、磚、瓦，也都齊備了。

● 第二節
傳統住居的基本結構

　　古人稱住居為「第宅」。《釋名·釋宮室》稱：「宅，擇也。擇吉處而營之也。」《太平御覽》卷一八一〈居處部九·第〉引《漢書》注云：「有甲乙次第，故日第。又日出不由裡門，面大道者名日第。」由於中國疆域遼闊，民族眾多，自然環境不同，第宅的形式、結構、布局、材料也不盡相同。北方草原居民多住穹廬，黃土高原居民多住窯洞，南方多住干欄，江河湖海地區有以船為屋者。中原地區的貧民住草屋泥舍，官僚富商住宮殿樓閣。下面僅就中原一般住居的傳統結構做一介紹。

一、四合院

　　中原居民的住居，雖有貧富差別，其基本結構是共通的。如主體建築坐南朝北，都有堂室、庭院、院牆、院門、

欄廄、廁所等。貧民的第宅為茅廬泥舍，官僚富豪之家除大量使用磚、瓦、石之外，再擴大面積和規模，加添廂房、耳房、倒座（南屋）、樓閣、廊廡、門屋、影壁、石獅。貧民的住宅遮擋風雨而已，富人則追求結構、造型、裝飾上的豪華和美觀，反映了不同階層的審美追求。

從廣義上講，貧民和富人的第宅都是一個封閉的四合院，自先秦秦漢確立下來，以後基本沒有太大的變化。現代一般把有倒座和東西廂房的院落稱四合院，以北京的四合院最典型。其特點是院落四周都是房子，窗子開向院內，對外不開。大型的院落有多層四合院，稱作「進」，可供四世、五世同堂的大家族居住。明清民初時，北方富豪之家都營建這種大規模的四合院。中華民國二十三年天津《靜海縣志》[008] 載：

吾邑住室普遍室中隔為三間或五間，中為堂。兩旁為室，別內外也。以土坯築者曰草房，以瓦磚築者曰瓦房，樓居則絕無。而僅有三間一正一倒，旁有兩廂，曰「小四合套」。五間一正一倒，旁三廂曰「大四合套」。窗牖尚寬闊，勝於南省只開天窗，而四面只有門無窗也。

[008]　丁世良、趙放主編：《全國地方志民俗資料彙編》華北卷引，北京：書目文獻出版社，1992 年版，第 72 頁。

二、堂、室、火炕

《說文十三下·土部》稱:「堂,殿也。」《釋名·釋宮室》載:「古者為堂,自半以前虛之謂堂,自半以後實之謂室。堂者當也,謂當正向陽。」由此可知,秦漢以前是前堂後室,秦漢以後才發展為一字形的一堂二室。

據《考工記》載,古代宮殿、官府、士大夫的住居都是前堂後室,也稱「前朝後寢」。天子、官府的大堂,既稱堂也稱朝。東漢會稽太守劉寵被徵為將作大匠,有幾位老人為他送行說:「山谷鄙生,未嘗識郡朝。」[009]《禮記·禮器》載:「天子之堂九尺,諸侯七尺,大夫五尺,士三尺。」

普通居民一般為一堂二室,也有三室、四室者。《漢書·晁錯傳》載:「家有一堂二內,門戶之閉,置器物焉。」堂是家庭成員祭祀、飲食、議事、待客的地方。《論語·先進》稱:「由(子路)也升堂矣,未入於室也。」升堂入室比喻學術上的造詣達到上乘境界,它的原意是對這戶人家已十分熟悉,不僅能登堂,還可以入室。由於堂是家庭成員議事的場所,故古代稱父母為「高堂」。李白〈送張秀才從軍〉詩:「抱劍辭高堂,將投霍冠軍。」先秦時前堂後室,後室也稱北堂。《儀禮·士昏禮》講:「婦洗在北堂。」後因以「北堂」、「令堂」作母親的代稱。祖孫三代的家庭都活動在

---

[009] 《後漢書·循吏·劉寵傳》,北京:中華書局,1965 年版。

一個堂內，所以，叔伯兄弟姐妹，也稱「堂兄弟姐妹」。

現代北方居民，在堂門內的左右兩邊壘廚灶，煙火與隔壁居室內火炕相通，唐以前沒有這一習俗。顧炎武《日知錄·土炕》講：「北人以土為床而空其下以發火，謂之炕，古書不載。」他認為，古代沒有火炕，但古人已知用灶火取暖。《新序·刺奢》載，宛春對衛靈公說：「君衣狐裘，坐熊席，隩隅有灶。」隩隅是居室的西南角，是尊貴的位置，「灶」是用來取暖的。古代「君子遠庖廚」[010]，不會是廚灶。《水經注》卷十四〈鮑丘水〉載：「土垠縣有觀雞寺，寺內有大堂甚高廣，可容千僧。下悉結石為之，上加塗墍，基內疏通，枝經脈散，基側室外，四出爨火，炎勢內流，一堂盡溫。」把整個大堂修建在大火炕上，堂的地面即火炕的蓋頂，是最早的「地暖」。《舊唐書·東夷·高麗傳》載，高麗「冬月皆作長坑（炕），下然（燃）熅火以取暖」。《新唐書·東夷·新羅傳》載，新羅「市皆婦女貿販，冬則作灶堂中」。南宋徐夢莘敘述女真族的火炕說：「環屋為土床，熾火其下，相與寢食起居其上，謂之坑，以取其暖。」[011] 所以，火炕的發明應是漢族和高寒地區少數民族集體智慧的結晶。南宋以後，火炕很快在北方廣大居民中普及，並取代了床。

---

[010] 〈禮記·玉藻〉，載《十三經註疏》，北京：中華書局，1980 年影印版。
[011] 徐夢莘：《三朝北盟會編》卷三，上海：上海古籍出版社，1987 年版，第17 頁。

火炕上鋪炕蓆，上炕猶如古代的登堂入席，但跪坐已改為盤坐了。直到現在，中國北方的農村仍睡火炕。

三、門戶、門樓、門匾、石獅

古代雙門曰門，半門曰戶，門戶是用來封閉、保護第宅的。《釋名‧釋宮室》稱：「門，捫也。在外為人所捫摸也。」、「戶，護也，所以謹護閉塞也。」《說文十二上‧門部》載：「門，聞也，從二戶。」、「戶，護也，半門曰戶。」

《禮記‧月令》載，仲春之月「耕者少舍，乃修闔扇」。鄭玄注曰：「耕事少閒，而治門戶也。用木曰闔，用竹葦曰扇。」《禮記‧儒行》還提到「篳門」、「蓬戶」。「篳門」是以荊竹編的門，「蓬戶」以蓬草編製。由於編製的門通風不保暖，要塗上泥巴，即《詩經‧豳風‧七月》的「塞向墐戶」。貴族的門以木板製作，稱作「闔」，古代傳說的天門稱「閶」，楚人稱為「閶闔」，後因指皇宮門為閶闔。王維有「九天閶闔開宮殿，萬國衣冠拜冕旒」的名句。

門戶上的構造名稱有閾（ㄩˋ）、閫（ㄎㄨㄣˇ）、棖（ㄔㄥˊ）、楔、樞、楣等。

閾、閫是指門限、戶限，現在叫門檻。《禮記‧玉藻》載：「賓入，不中門，不履閾。」、「履閾」即踩著門檻，是非禮的。閫也指城郭的門檻。《史記‧張釋之馮唐列傳》載：

「上古王者之遣將也，跪而推轂曰：『閫以內者，寡人制之；
閫以外者，將軍制之。』」裴駰集解引三國韋昭曰：「此國
門之閫也，門中橛曰閫。」張守節正義曰：「閫……謂門限
也。」後因稱軍事職務為「閫外」。

根和楔是門兩旁的木，即門框。《禮記‧曲禮》講：「為
人子者，行不中道，立不中門。」立門要避到根後，讓父親
站在門中間。門靠根的一邊，上下各伸出一塊木轉軸，叫做
「戶樞」。由於戶樞不停地轉動，故有「戶樞不蠹」之說。
承受戶樞轉動的叫「樞達」，上曰「檻（一ㄣˇ）」，下曰
「達」，俗語稱「落時」。貧民有的沒有樞達，用繩系戶樞，
稱作「繩樞」。

《爾雅‧釋宮》稱：「根謂之楔，楣謂之梁，樞謂之椳，
樞達北方謂之落時。」門戶上的橫梁稱「門楣」，也作家庭
門戶的代稱。楊貴妃得寵後，民間諺語曰：「生男勿喜女勿
悲，君今看女作門楣。」[012]

第宅的大門也稱外戶。《禮記‧禮運篇》稱：「外戶而不
閉。」古人十分重視門戶的裝飾，它代表一個家族的門面，
包括門樓、門匾、鎮宅石獅等。

門樓又稱門屋。《詩‧陳風‧衡門》載：「衡門之下，可
以棲遲。」這種可以棲遲的衡門可視為最早的門樓。從唐到

---

[012]　《資治通鑑‧玄宗天寶五載》，北京：北京古籍出版社，1956 年版。

明清，品官士庶之家競修門樓。《稽古定製》載，非品官不得修門屋。《明會典》載，明朝王府違制者門樓高達三層，朝廷明確規定，一二品官門屋三間五架，三至五品三間三架，六至九品一間三架。直到現在，一般居民的院門都有門樓。四合院式的住居有倒座，門樓和倒座連在一起，形成過間，門樓頂部高出，加以裝飾。

門匾又稱門額，是一塊鑲在門楣與簷頂間的長方形橫木牌，朝下朝前傾斜，既美觀又能封閉門上部到門樓上蓋的空間。門匾上書字，稱作「門銘」。門銘由來日久。陸游《呂文靖門銘跋》稱：「一言可以行之者，其『恕』乎，此聖門一字銘也；詩三百篇，一言以蔽曰『思無邪』，此聖門三字銘也。」古代朝廷旌表門閭的方式之一就是賜門銘匾額。南朝嚴世期樂善好施，宋文帝榜其門曰「義行嚴氏之門」[013]。明清時期，匾額盛行。有功名者，掛御賜門匾；有德行者，掛鄉里贈送的門匾。一般居民也請人在門匾上書字。《紅樓夢》第二回：「正門上有一匾，匾上大書『敕造寧國府』五個大字。」民國二十年遼寧《義縣志》[014]載：

[013]　《南史·孝義·嚴世期傳》，北京：中華書局，1975 年版。
[014]　丁世良、趙放主編：《全國地方志民俗資料彙編》東北卷引，北京：書目文獻出版社，1992 年版，第 212 頁。

吾邑世家，大門、二門皆掛匾額。科第者或題「拔貢」，或題「恩進士」及「歲進士」，或題「鄉魁」，或題「進士」，或題「太史第」，或題「青雲初步」，或題「父子進士」、「父子鄉魁」、「兄弟拔貢」、「兄弟同榜」。武魁出仕者或題「大夫第」。影壁則用三臺，俱置吻獸，房脊亦置之。門兩旁豎單門或雙門旗桿，視功名而用之（舉人單門，進士雙門）。民國貴或富家門額，或大總統題曰「孝義之門」，或邑令題曰「熱心公益」。其節婦門額，或大總統題曰「節勵松筠」，與清朝節婦門額題曰「節孝可風」及孝子門額題曰「純孝格天」者，後先輝映。吾邑重公益及孝、節、義，亦可概見於所居矣。

獅子古稱「狻猊（ㄙㄨㄢ ㄋㄧˊ）」，為西域之奇獸。《後漢書》屢載西域月氏、安息、疏勒向東漢進貢獅子。《爾雅·釋獸》及許多典籍都稱它食虎豹，制百獸，目光如電，聲吼如雷，為百獸之長。佛教傳入中國後，說釋迦出生時作獅子吼，「天上天下，唯我獨尊」。文殊菩薩是騎獅子的法像。自南北朝開始，許多建築都用它來鎮座制猛。北魏孝靜帝，「美容儀，力能挾石獅逾牆」[015]。《洛陽伽藍記·龍華寺》載：「永橋南道東，有白象獅子二坊。」可知當時已有

---

[015] 《北史·魏孝靜帝紀》，北京：中華書局，1974 年版。

石獅了。元明清三朝的高第，大都以石獅鎮宅。《山西通志》載，元朝忠臣崔斌、崔彧的住宅，門口石獅清代猶存。《紅樓夢》第六十六回，柳湘蓮說：「你們東府除了那兩個石獅子乾淨……」

墨子講，上古堯時，「堂高三尺，土階三等，茅茨不剪」[016]。後人力求門第高大，把門基墊高，門前設石階，門檻高者達 0.5 公尺，再加上虎視眈眈的石獅，醒目的匾額，更顯得高大氣派。這一對門面的追求與魏晉以來的門第觀念是一脈相承的。

四、牆和影壁

牆是構成房屋和院落的主要部分，又稱作「垣」、「堵」、「墉」、「序」。《爾雅·釋宮》講：「牆謂之墉。」、「東西牆謂之序。」

從夏商時期，中國人就以版築牆。這種版築牆渾然一體，結實異常。十六國夏國統治者徵發十萬人蒸土築城，「錐入一寸，即殺作者」[017]。其實，版築牆乾後，錐子根本插不進去。

從漢代開始，以香椒和泥，塗後妃所住的宮牆。椒有香

---

[016]　《漢書·司馬遷傳》，北京：中華書局，1962 年版。
[017]　《晉書·赫連勃勃載記》，北京：中華書局，1974 年版。

氣而多子（籽），班固〈西都賦〉有「椒房後妃之室」的
辭句。後趙石虎「以胡粉和椒塗壁，曰『椒房』」[018]，故
椒房成為後妃的代稱。一般人以白粉塗牆，這樣的牆稱作
「堊」。劉禹錫〈故洛城古牆〉詩：「粉落椒飛知幾春，風吹
雨灑旋成塵。」其中的粉和椒都指牆的油漆。

　　牆的主要作用是保護宅院，防止野獸和盜賊進入。在
中國，院牆、村寨牆、城牆還是一種防禦工事。《釋名・釋
宮室》載：「垣，援也。人所依阻，以為援衛也。」為了防
禦，有的人家還修夾牆，也稱複壁。秦始皇焚書時，濟南伏
生將書藏在複壁內得以儲存。唐朝李林甫作惡多端，晚上怕
有人行刺，藏在複壁中，一夜換好幾個地方，就連他的家裡
人也不知道他的住處。

　　古人在門口內外，還要修一段短牆，正對著門口，叫做
「影壁」、「照牆」，先秦時稱作「罘罳」、「蕭牆」、「屏」、
「樹」。西晉崔豹《古今注》載：「罘罳，屏之遺像也。」、
「臣來朝君，行至門內屏外，當復思應對之事也。」、「漢西京
罘罳合板為之，亦築土為之，每門闕殿舍前皆有焉。」王莽
代漢後，派人毀掉漢元帝渭陵、漢成帝延陵前的罘罳，說：
「毋使漢民復思也。」[019]《論語・季氏》載孔子語曰：「吾恐

---

[018]　《太平御覽》卷七一九〈服用部二一・粉〉引〈鄴中記〉，北京：中華書
　　　　局，1960 年影印版。
[019]　《漢書・王莽傳》，北京：中華書局，1962 年版。

季氏之憂不在顓臾，而在蕭牆之內也。」鄭玄注曰：「蕭之言肅也，牆謂屏也。君臣相見之禮，至屏而加肅敬焉，是以謂之蕭牆。」《禮記‧郊特牲》言：「臺門而旅樹。」鄭玄注曰：「旅，道也。屏謂之樹，樹所以蔽行道……天子外屏，諸侯內屏，大夫以簾，士以帷。」《風俗通》[020]載：「屏，卿大夫以帷，士以簾，稍有第，以自障蔽也。示臣臨見，自整屏氣處也。」

影壁

　　由此可知，影壁在先秦時是天子、諸侯才有的禮，天子修在門外，諸侯修在門內，是為了讓臣下「復思」、「肅敬」而屏氣凝息。一般人不得修影壁，否則即為越禮。孔子曾批

[020] 《太平御覽》卷一八五〈居處部‧屏〉引，北京：中華書局，1960年影印版。

評管仲「邦君樹塞門，管氏亦樹塞門」、「管氏而知禮，孰不知禮？」[021] 管仲是齊國大夫，按周禮規定不該「樹塞門」，所以孔子批評他不知禮。

　　秦漢以後，這種內屏、外屏逐步流行到民間。《鹽鐵論·散不足第二十九》講：「富者黼繡、帷幄、塗屏、錯跗（ㄈㄨ）。」《紅樓夢》第三回：「北邊立著一個粉油大影壁。」現在農村住宅大都在門內修影壁，正對著院門口，上面繪畫或寫上「福」、「壽」之類的大字，用這鮮豔美觀的屏障，擋住門外人的視線。如果宅院門口正對著曠野，則在門口街道的外側修一外影壁，也正對著門口。現在這一景觀已不多見了。

五、卜宅

　　住宅不僅是飲食起居的憑依，還是家族世代相傳的財產。在古代命定思想的迷惑下，產生了一種荒誕的觀念意識：住宅風水關係著家族的興衰和子孫的吉凶禍福。因此，自先秦就流行著相宅、卜宅的風俗。「魯哀公欲西益（擴大）宅，史（史官）爭之，以為西益宅不祥」[022]。西晉魏舒住

---

[021] 〈論語·八佾〉，載《諸子整合》，上海：上海書店，1986 年影印版。
[022] 〈淮南子·人間訓〉，載《諸子整合》，上海：上海書店，1986 年影印版。
　　　《論衡·四諱篇》記載略同。

外祖父家，相宅者說：「當出貴甥。」[023] 後來，魏舒果然位至三公。

　　古代的相宅術叫做「形法」、「堪輿」。《漢書‧藝文志》稱，「形法者，大舉九州之勢以立城郭室舍形」，還載有《堪輿金匱》、《宮宅地形》等相宅書。魏晉南北朝隋唐，相宅風大行。自隋朝蕭吉著《宅經》後，各種《宅經》氾濫成災。唐太宗命呂才等十餘人共同刊正《宅經》。堪輿風水之書竟驚動了朝廷，受到如此重視。後來，相宅風俗一直是民間天命迷信信仰的一項重要內容。

---

[023]　《晉書‧魏舒傳》，北京：中華書局，1974 年版。

● 第三節
由矮趨高的室內家具

中國古代室內家具的演變，是隨著各民族間的文化交流和起居方式的變化而發展的。

一、由席地跪坐到垂足而坐 —— 席、榻、胡床、椅凳、蒲墩

古人席地而坐，兩膝著地，臀部著足後跟上。上身和大腿部挺直，臀部離開腳跟，叫做「長跪」。《戰國策·魏策四》載：「秦王色撓，長跪而謝之。」像現代人這樣，臀部著地，兩腳前伸，坐在地上，古代叫做「踞（倨）」、「箕踞」。荊軻刺秦王受傷，「箕踞以罵」[024]。秦末酈食其拜見劉邦，劉邦正倨床洗足，酈食其惱怒說：「必聚徒合義兵誅

---

[024] 《戰國策·燕策三》，上海：上海古籍出版社，1985 年版。

無道秦，不宜倨見長者。」[025] 可見「箕踞」是一種極不禮貌的坐法，所以《禮記‧曲禮》講：「坐毋箕。」

　　這種跪坐的起居方式與當時的服飾有關。古代男女下身均著裳（即裙），內穿褲，箕踞是很不雅觀的。另一個原因則是堂室內的陳設。

　　古代自天子至庶人起居坐臥皆用席。《詩‧小雅‧斯干》曰：「上莞下簟（ㄉㄧㄢˋ），乃安斯寢。」《大雅‧行葦》曰：「肆筵設席。」莞是蒲草編的席；簟是竹蓆，也稱筍席。筵也是竹蓆，比較大，先鋪在地上，再根據不同身分地位加鋪較細緻的席。不同身分的人，席位的層數是不一樣的，「天子之席五重，諸侯之席三重，大夫再重」[026]。席一般是現鋪現坐，坐完了再捲起來。《禮記‧內則》講：「雞初鳴，咸盥漱、衣服、斂枕簟，灑掃室堂及庭，布席。」

　　鋪在床上的席叫「衽」。《儀禮‧士喪禮》言：「衽如初。」鄭玄曰：「衽，寢臥之席也。」古代子女對父母要「昏定晨省」、「昏定」即為父母鋪衽席被褥。

　　榻似床而矮小，有四個短腿，便於移動。《釋名‧釋床帳》稱：「長狹而卑曰榻，言其體榻近地也。」古代坐榻也是跪坐。三國管寧「常坐一榻，積五十餘年，未嘗箕股，其

---

[025]　《史記‧酈生陸賈列傳》，北京：中華書局，1959年版。
[026]　〈禮記‧禮器〉，載《十三經註疏》，北京：中華書局，1980年影印版。

榻上當膝處皆穿」[027]。管寧是個遵禮法的，不遵禮法者也有
「箕股」的。

涼榻
明末清初 榆木

胡床又稱「交椅」、「繩床」，是一種可以摺疊的輕便坐
具，類似現在有靠背的「馬紮子」。其坐法與現代人相仿，
史書一般寫作「踞胡床」。東漢時，胡床由西域傳入。據
《高士傳》載，漢靈帝「好胡床」。曹操在關中遭到馬超突
襲，仍「坐胡床不起」[028]。由於胡床便於攜帶，且製作簡
單，很快由達官貴戚、軍隊流行到平民百姓。隋朝魯郡太守
鄭善果處理公務，其母坐胡床在屏障後監聽。鄭母是清河崔
氏女，知書達禮，教子有方，如果「踞胡床」不流行，斷不
會出此風頭。

---

[027]　《三國志·管寧傳》注引《高士傳》，北京：中華書局，1959 年版。
[028]　《三國志·武帝紀》注引《曹瞞傳》，北京：中華書局，1959 年版。

胡床

魏晉南北朝時，出現方凳、圓凳、束腰圓凳等高型坐具，不斷衝擊著席地跪坐的習俗。北齊顏之推《顏氏家訓‧勉學》曾指責那些不學無術的士族子弟，穿高齒木屐，「坐棊（棋）子方褥」。這種「棊子方褥」就是圓凳和方凳。五代畫家顧閎中的〈韓熙載夜宴圖〉，坐具有長凳、圓凳、方凳、扶手椅、靠背椅、圓椅等等。

沒有靠背、扶手的叫凳，有扶手和靠背的叫椅。南宋出現一種帶荷葉托首的太師椅。據南宋張端義《貴耳集》[029]載：「今之校（交）椅，古之胡床也，自來只有栲栳樣（圈形靠背），宰執侍從皆用之。因秦師垣（秦檜）宰（在）國忌所，偃仰片時墜巾。京伊吳淵奉承時相，出意撰製荷葉托首四十柄，載赴國忌所，遣匠者頃刻填上。凡宰執侍從皆有之。遂號『太師樣』。今諸郡守倅必坐銀校椅，此藩鎮所用之物，今改為太師樣，非古制也。」這種由胡床改造而來的「太師椅」，後來頗為流行。

---

[029] 《古今圖書整合‧考工典‧座椅部》引，北京：中華書局，成都：巴蜀書社，1985 年版。

太師椅
清末 香樟木

座面呈正方形的方凳叫「杌子」。南宋以後還有一種用蒲草編織的圓形坐具，叫「蒲墩」。當時，從皇室到百姓都用杌子、蒲墩。宋真宗時，丁謂一度罷相，皇帝賜坐，左右為他拿來蒲墩。丁謂說：「有旨復平章事。」[030] 一聽丁謂恢復了相位，趕緊為他拿來杌子。明太祖朱元璋來到弘文館學士羅復仁家，羅復仁正在修牆壁，急忙讓妻子搬杌子給皇帝坐。直到現在，北方農家仍有杌子和蒲墩。

當然，席地跪坐的傳統不會蕩然無存，尤其是在士大夫之家。南宋陸游《老學庵筆記》卷四載：「往時士大夫家，婦女坐椅子、兀（杌）子，則人皆譏笑其無法度。」這裡雖然說婦女坐椅子無法度，卻又反映了椅子、杌子在士大夫之家的流行，連婦女都坐上了。

二、几、案、桌、八仙桌、抽屜桌

几的用途和現在不同，它與席配套使用。古人坐席必有几，衰老者居則憑几，行則攜杖。如果說杖是行走的枴杖，那麼几就是跪坐用的枴杖。跪坐時，把几放在身邊作為憑

---

[030]　《宋史·丁謂傳》，北京：中華書局，1977 年版。

依，或者放置物品。

　　几的形制，面狹長，兩端有足。《左傳·襄公十年》載，晉國荀偃等人請求班師，「智伯怒，投以几」。從智伯能扔幾打人來看，幾應該類似今天的長方形小板凳。古人寬衣博帶，憑依在几上後，就看不明顯了。所以古代常稱「隱几而坐」、「撫几而嘆」。

　　古代的几，主要是用來禮敬老人。肆筵、設席、授几，是一整套禮儀。《禮記·月令》載：「仲秋之月……養衰老，授几杖。」《禮記·曲禮上》載：「謀於長者，必操几杖以從之。」、「賜幾杖」還是朝廷優寵老年大臣的一種禮遇。西漢吳王劉濞稱病不朝，漢文帝賜几杖以示優寵。西晉張華在《倚几銘》中說：「倚几之設，設而不倚。作器於此，成禮於彼。」

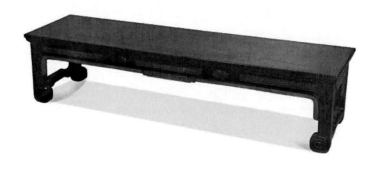

長條几
清 紅木嵌影木黃楊

案
明末清初 紫檀

案在古代有兩種。一種是無足的食案，有長方形和圓形，類似今天的托盤，故東漢孟光能「舉案齊眉」。西漢石奮，每逢子孫有過錯，就對案不食。這種食案一直沿用到今天。北方居民在火炕上吃飯，用一塊長方形的案，放上碗筷飯菜，一塊兒端放到火炕上。吃完，再一塊端下來。山東人把它叫做「圓盤」（實際是長方形的）。另一種是條案、大案、書案等，多為長方形，有較高的案足，可以看書寫字和置物。南朝江秉之為新安太守，「在郡作書案一枚，去官留以付府」[031]。臨去官交付官府，可見書案是數得上的大件家具了。

出現垂足而坐的高坐具後，與席地而坐聯繫著的幾和案也相應加高，這種加高了的幾案稱作「卓」。「卓」即高的意思，後改寫為「桌」。几也失去「几杖」的禮制意蘊，成為較低的桌。

隋唐開始出現長桌、方桌等，宋代又出現形制較大的八仙桌。清翟灝《通俗編》載：「晁補之《雞肋集》有八仙案銘云『東皋松菊堂，飲中八仙案……』」。按此桌名，自北

---

[031] 《南史·江秉之傳》，北京：中華書局，1975 年版。

宋有之。」、「飲中八仙」是唐代李白、賀知章、李適之、李
璡、崔宗之、蘇晉、張旭、焦遂八人,杜甫曾作〈飲中八
仙歌〉,八仙桌的名稱如出自他們,則至晚在北宋已出現。
到南宋,各種高桌子已遍布茶館酒肆了。《宋史·趙從善傳》
載,趙從善為臨安尹,上司命他一日內籌辦 300 張紅桌子。
趙從善命人從市場上收集形制相同的茶桌,糊上清江紙,塗
上紅色,一天就準備好了。

飲中八仙圖卷
明代尤求繪
藏於中國廈門市博物館

八仙桌多置於堂中,兩側配置太師椅,這一配套家具一
直延續到民初。現在居民的家中,偶爾還能見到,但已是稀
奇之物了。

清代靈芝紋八仙桌

現代的桌、櫥、臺、櫃上都有抽屜，這一裝置起自宋代，當時叫「抽替」。南宋周密《癸辛雜識》[032] 載：「昔李仁甫（李燾）為長編，作木櫥十枚，每櫥作抽替匣二十枚。每替以甲子志之，凡本年之事，有所聞必歸此匣，分月日先後次第之，井然有條，真可為法也。」宋以後，抽屜便安裝在各種家具上了。其中，在長桌上安裝兩個或三個抽屜，就成為書桌，稱作「抽桌」、「抽屜桌」。

三、楎椸（ㄏㄨㄣˊ ㄧˊ）、篋笥（ㄑㄧㄝˋ ㄙˋ）、簏（ㄌㄨˋ）、櫥、櫃

古代居室狹小，席地跪坐，沒有高大的櫃箱。存放衣物、書籍的家具主要是楎椸、篋笥、簏等。

---

[032] 《古今圖書整合·考工典·櫃櫝部》引，北京：中華書局，成都：巴蜀書社，1985 年版。

　　《禮記・內則》載，婦「不敢懸於夫之楎椸，不敢藏於夫之篋笥」。楎椸是古代的衣架，直者曰楎，一般釘在牆上；橫者曰椸，以竹竿製作。

　　篋是盛衣服的木箱。《莊子・胠（ㄑㄩ）篋》中的「胠篋」即撬開箱子，「攝緘縢，固扃鐍（ㄐㄩㄥ　ㄐㄩㄝˊ）」，是把箱子用藤繩、關鎖加固。篋也用來裝書，後世又稱作「青箱」。《戰國策・秦策二》載，戰國魏文侯派樂羊進攻中山國，三年才攻克，回來論功，魏文侯「示之謗書一篋」。南朝王准之五代熟悉朝儀，家世相傳，「緘之青箱，世人謂之王氏青箱學」[033]。北宋趙普，「每歸私第，闔門啟篋，取書讀之竟日，及次日臨朝，處決如流。既薨，家人發篋視之，則《論語》二十篇也」[034]。

　　笥是竹製的箱子，可以盛衣服，還可以盛飯，盛飯和「簞」配套，稱作「簞笥」。《禮記・曲禮上》鄭玄注曰：「簞笥，盛飯食者，圓曰簞，方曰笥。」

　　篋笥比較矮平，高豎的竹器叫「簏」。《說文五上・竹部》稱：「簏，竹器也。」三國曹丕為爭太子之位，「以車載廢簏，納朝歌長吳質與謀」[035]。西晉賈皇后用簏偷裝少年男

[033]　《宋書・王准之傳》，北京：中華書局，1974 年版。
[034]　《宋史・趙普傳》，北京：中華書局，1977 年版。
[035]　《三國志・陳思王植傳》注引《世語》，北京：中華書局，1959 年版。

子，進宮淫亂。[036] 可知籠足有一人高，可視為古代的立櫥。

魏晉時，出現了以木製作的櫥。東晉郗紹著《晉中興書》，將書稿放在齋內櫥中，被何法盛偷去，故世傳何法盛《晉中興書》[037]。南朝宋顧綽放高利貸，其父顧覬之「誘出文卷一大櫥，悉令焚之」[038]。

聯三悶戶櫥
清早期 黃花梨

具有現代含義的立櫃、躺櫃，出現於南北朝隋唐時期。武周定州刺史孫彥高，在州城被突厥攻破後，「乃入櫃中藏」。隋朝開河都護麻叔謀好食小兒，嚇得附近百姓都把小

---

[036]　《太平御覽》卷七〇五〈服用部七・籠〉引王隱《晉書》，北京：中華書局，1960 年影印版。

[037]　《南史・徐廣傳》，北京：中華書局，1975 年版。

[038]　《南史・顧覬之傳》，北京：中華書局，1975 年版。

兒藏在木櫃中。[039] 這種能藏人的櫃，即由前代的簏、櫥演變而來。

《舊唐書‧王伾傳》載，唐朝大臣王伾「室中為無門大櫃，唯開一竅，足以受物，以藏金寶，其妻或寢臥於上」。這種沒有門，上面能睡覺的大櫃，必是橫臥式的躺櫃。

四、床、帳、屏風、戶簾

《釋名‧釋床帳》稱：「床，裝也，所以自裝載也。」先秦時的床較矮。1957 年，河南信陽長臺關楚墓出土一張大床，長 2.18 公尺，寬 1.39 公尺，高僅 0.19 公尺。周圍有欄桿，留有上下床的口。[040] 魏晉南北朝時，隨著室內家具的增高，床也加高了。東晉顧愷之〈女史箴圖〉中的床，已和今天相差無幾了。

床是居室內的主體陳設，從古代起就在床上設帳，也叫「帷帳」、「帷幕」。據《釋名‧釋床帳》講，像屋一樣的大帳叫「幄」，類似現在的帳篷，是軍旅用的，劉邦講的「運籌帷幄之中」即指此。「在旁曰帷，在上曰幕」、「張施於床上曰帳」、「帷者圍也，所以自障圍也」。帷帳的目的是自圍障，以別男女，故古代男女無別叫做「帷幕不修」。

---

[039]　《古今圖書整合‧考工典‧櫃櫥部》引〈朝野僉載〉、〈開河記〉，北京：中華書局，成都：巴蜀書社，1985 年版。

[040]　參見〈信陽長臺關第 2 號楚墓的發掘〉，載《考古》，1958 年 11 期。

屏風古代稱作「扆（一ˇ）」。《釋名‧釋床帳》載：「扆，猗也，在後所倚依也。」屏風的作用是障目擋風，美化室內環境，多為富貴人家所陳設。古代天子出行，為了遮蔽風塵和擋住別人的視線，也要設屏風，叫做「步障」、「行障」。魏晉時期，士族官僚以步障誇富鬥奢。王愷作紫絲步障 40 里，石崇作錦步障 50 里。以後奢侈之風雖減，遇有嫁娶仍有作步障者。唐人范攄《雲溪友議》載，唐代雲陽公主下嫁，郎中陸暢賦詩詠其步障曰：

> 碧玉為竿丁字成，鴛鴦繡帶短長縈。
> 強遮天上花顏色，不隔雲中笑語聲。

一般的屏風則設在屋內。其形制為框架形，中間鑲以絲綢等質料，能根據需要而移動，許多框架組成平面形、曲尺形、多折形等。屏風之上繪畫、刺繡、書字，故又稱「畫屏」、「繡屏」。

先秦時，「天子設斧依於戶牖之間」[041]。「斧依」即天子用的畫上黑白相間的斧形的屏風，以顯示天子的威嚴。東漢劉秀在屏風上圖畫美女，和大臣宋弘交談，不斷向後看。宋弘嚴肅地說：「未見好德如好色者。」[042]三國曹丕興善畫，

---

[041] 〈儀禮‧覲禮〉，載《十三經註疏》，北京：中華書局，1980 年影印版。
[042] 《後漢書‧宋弘傳》，北京：中華書局，1965 年版。

為孫權畫屏風時點錯了一點，就勢畫作一個蒼蠅。孫權以為是真的，竟用手去撲打。[043]

一般官僚貴族也陳設畫屏。北周上柱國竇毅之女才貌雙全，竇毅在門屏上畫一孔雀，有能以二矢射中孔雀二目者即許婚，結果被李淵射中。[044] 後世因稱求婚中選為「雀屏中選」，孔雀屏風也盛行起來。元朝詩人張昱還曾留下「細雨燈深孔雀屏」的佳句。

屏風上還可以寫字，以告誡本人。唐太宗、唐憲宗、唐宣宗等，都在屏風上書寫治國之道。唐太宗把魏徵的奏疏列為屏風，還把地方官的姓名、政績隨時都記在屏風上。房玄齡集古今家訓於屏風上，每個兒子送一副。看來，屏風還是古人「齊家治國平天下」的工具。

現代家庭住居中，屏風已不多見。賓館、酒店、旅館及單位接待廳多設屏風。有的用來間隔座席，有的只起裝飾和雅觀的作用。

門簾是掛在居室門外的垂簾，從門楣一直垂到門檻下。由於掛在門外，不影響門扇的啟閉，即使開著門，也把門口遮得嚴嚴的。《釋名‧釋床帳》講：「簾，廉也。自障蔽為廉恥也。」

---

[043]　《太平御覽》卷九四四〈蟲豸部二‧蠅〉引〈吳錄〉，北京：中華書局，1960 年影印版。

[044]　見《舊唐書‧後妃傳上‧高祖太穆皇后竇氏傳》，北京：中華書局，1975 年版。

簾一般以布、葦、竹等材料製作，又稱作「簾箔」。達官貴人的戶簾以珠玉金銀製作，稱作「珠簾」、「錦簾」、「珠箔」。後趙石虎「結珠為簾，垂五色玉珮，（風）至鏗鏘和鳴」[045]。

簾的上方裝一木軸，可將簾捲起。有的在門旁掛一簾鉤，可將簾鉤在門旁。李白〈怨情〉詩「美人卷珠簾」、「珠箔垂銀鉤」，即指此。

由於戶簾用來「自障蔽為廉恥」，古代又講究男女有別，女主臨朝稱制，往往要「垂簾聽政」。《舊唐書·高宗紀下》載：「上每視朝，天后垂簾於御坐後，政事大小，皆與聞之。」

古代庶民也普遍掛設戶簾。西漢周勃世代以織簾箔為生。直到民初，幾乎家家掛門簾。新婚大喜，繡織的大紅門簾是不可缺少的嫁妝。1960 年代後，隨著中國農村玻璃門的興起，傳統的門簾被窗簾式的短門簾取代，只有以各種材料製作的珠簾，仍然存在。

---

[045] 《太平御覽》卷七〇〇〈服用部二·簾〉引〈拾異記〉，北京：中華書局，1960 年影印版。

● 第四節
古代的庭院經濟

中國自古就是以一家一戶為一個獨立經濟單位的，自給自足的自然經濟，住宅不僅是生活起居的憑依，以樹藝木果、飼養六畜為內容的庭院經濟，還是家庭的重要經濟來源。

戰國時期的孟子十分注重庭院經濟的開發，他向魏惠王構畫了一個田宅、農桑、禽畜相結合的，自給自足的小農家庭經濟藍圖。《孟子‧梁惠王上》載：

五畝之宅，樹之以桑，五十者可以衣帛矣；雞豚狗彘之畜，無失其時，七十者可以食肉矣；百畝之田，勿奪其時，數口之家可以無飢矣。

以後，發展庭院經濟，成為政府勸課農桑的一部分。《漢書·循吏傳·龔遂傳》載，西漢渤海太守龔遂，要求百姓每人種一棵榆樹，「家二母彘，五雞。民有帶持刀劍者，使賣劍買牛，賣刀買犢」。

一、庭院樹果

從很遠的古代起，人們就在宅院內外樹藝木果。《史記·貨殖列傳》稱，千樹棗、千樹慄、千樹橘、千樹楸，「其人與千戶侯等」。古代諺語稱：「家有千樹似封侯。」無名氏《移樹》[046] 詩：「雖言有千樹，何處似封侯。」陸游《村飲示鄰曲》載：「偶失萬戶侯，遂老三村樹。」

庭院中栽種的樹果有桃、李、杏、梨、棗、柿、石榴、核桃、柑橘、櫻桃、枇杷、荔枝、龍眼等果樹；椒、椿、桂、橡、榛、桑、漆等經濟樹類；松、竹、楊、柳、槐、榆、杞、檀、梓、楸、樟、梗、楠、榕、梧桐等器材樹。由於奇果異樹眾多，難以一一盡述。《百泉種樹記》[047] 載，翁大立「命侯吏移梧桐二十餘本，竹數本，植之書院前。檜、柏、椿、楊、楝、桃、杏、榴、棗諸木，視隙地即植之」。

[046] 《古今圖書整合·草木典·木部》引，北京：中華書局，成都：巴蜀社，1985 年版。
[047] 《古今圖書整合·草木典·木部》引，北京：中華書局，成都：巴蜀社，1985 年版。

　　樹藝木果的首要目的在於獲利，也是古人營產業，遺子孫的一部分。北齊顏之推在《顏氏家訓》中講：「築室樹果，生則獲其利，死則遺其澤。」西晉王戎、和嶠家裡有良種李子，和嶠的弟子到園中食李，「皆責核計錢」[048]。王戎怕別人得種，出賣時先將李核鑽壞。在強烈的獲利慾望的驅動下，竟產生出超前的競爭和專利意識。北魏淮陽王元欣「多樹藝木果，京師名果皆出園」[049]，幾乎壟斷了京師的果品市場。由於果樹可得華子之利，生長週期短的桃子特別受人青睞。《詩·周南·桃夭》即有「桃之夭夭」的詩句。宋人陸佃《埤雅》[050] 記民諺說：「白首種桃。」又曰，「桃三李四梅子十二」、「言桃生三歲便放花果，早於梅李。故首雖已白，華子之利可待也」。

　　中國自商代開始植桑養蠶，除山桑、田桑外，宅院內也植桑。《詩·鄭風·將仲子》載：「無逾我牆，無折我樹桑。」隋朝趙軌家「東鄰有桑，甚落其家」[051]。從唐代詩人岑參「桑葉隱村戶」，韓偓「萬里清江萬里天，一村桑柘一村煙」的詩句中，也可以看到宅院植桑的盛況。由於桑與「喪」同

[048]　《古今圖書整合·草木典·木部》引《語林》，北京：中華書局，成都：巴蜀書社，1985 年版。

[049]　《北史·魏宗室傳》，北京：中華書局，1974 年版。

[050]　《古今圖書整合·草木典·木部》引，北京：中華書局，成都：巴蜀書社，1985 年版。

[051]　《隋書·趙軌傳》，北京：中華書局，1973 年版。

音，一般不栽在門前。山東一帶流傳：「前不栽桑，後不栽柳。」

除獲利外，房前屋後植樹還有做器材、柴薪，遮陰，祈求宅院吉祥等目的。

東漢樊宏想做器物，先種梓漆，幾年後都派上了用場。古代在宅院內外植樹，準備將來蓋新房、打家具的現象非常普遍。

杜甫〈題桃樹〉詩：「小徑升堂舊不斜，五株桃樹亦從遮。」民間諺語「前人栽樹，後人乘涼」，是講植樹遮陰乘涼。

《周禮·秋官·朝士》載：「面三槐，三公位焉。」故古人稱槐樹為「三公槐」。宋楊萬里〈槐〉詩：「蔭作官街綠，花開舉子黃。公家有三樹，猶帶鳳池香。」、「鳳池」指中書省，其長官中書令是三公之一。古人院中多槐樹，有的人特意只栽三棵。北宋王祐植三株槐樹於庭，說：「吾之後必有為三公者，此所以志也。」[052] 其子王旦，果然在宋真宗時拜相。

梧桐棲鳳，能製作琴瑟，具有不裂、防腐的特性，而且根部輕軟，枝梢堅實，被稱作「貴孫枝」[053]，古人多植梧桐以為吉祥，並用來作桐棺。

[052]　《宋史·王旦傳》，北京：中華書局，1977 年版。
[053]　《古今圖書整合·草木典·木部》引《蘇東坡集》，北京：中華書局，成都：巴蜀書社，1985 年版。

自石榴傳入中國後，馬上與中國多子多福的觀念產生共鳴。西晉潘岳〈河陽庭前安石榴賦〉[054]稱它「十房同膜，千子如一」、「天下之奇樹，九州之名果」。《洛陽伽藍記》載民諺曰：「白馬甜榴，一實值牛。」南宋陸游有「風拆安榴子滿房」的詩句。《北齊書·魏收傳》載，北齊文宣帝高洋到安德王高延宗的妃子家做客，「妃母宋氏薦二石榴於帝前，問諸人莫知其意，帝投之」。魏收說：「石榴房中多子，王

清代鄒一桂繪〈蜀葵石榴圖〉

新婚，妃母欲子孫眾多。」高洋趕緊讓魏收把扔出去的石榴撿回來。從古到今，人們一直把它栽在庭中，以期「榴房多子」。

---

[054]　《古今圖書整合·草木典·木部》引，北京：中華書局，成都：巴蜀書社，1985 年版。

二、六畜

五穀豐登、六畜興旺，是古今農家的美好追求。《禮記·曲禮下》載：「問庶人之富，數畜以對。」春秋范蠡講：「子欲速富，當畜五牸字。」[055] 古人營建住居，除宗廟外，首先想到的是飼養六畜的欄廄。「君子之營宮室，宗廟為先，廄庫為次，居室為後。」[056]

《荀子·榮辱》載：「今人之生也，方知蓄雞狗豬彘，又蓄牛羊。」漢高祖劉邦因父親思念家鄉，在長安附近仿造了新豐縣，將舊豐縣的居民遷來，不僅人找到了自己的新家，「放犬、羊、雞、鴨於通途，亦競識其家」[057]。家畜、家禽和宅院、樹果一起構成了農業社會的家庭住居體系。

中國傳統的六畜是馬、牛、羊、豬、狗、雞，其廣義則包括騾、驢、兔、貓、鴨、鵝在內的所有家畜和家禽。游牧民族和官養的牲畜，不在家畜、家禽之列。

古人以車馬代步，有車馬的富貴之家養馬。如孟嘗君家「狗馬實外廄」。從先秦到明清，大戶人家門前都豎有拴馬的石樁，有的以穿鼻石塊砌在牆壁上。高大豪華的四合院，門前再拴上幾匹馬，顯得更加氣派。

[055] 《齊民要術》卷六〈養牛馬驢騾〉，北京：中華書局，1956 年版。
[056] 〈禮記·曲禮下〉，載《十三經註疏》，北京：中華書局，1980 年影印版。
[057] 《太平御覽》卷九一九〈羽族部·鴨〉引《西京雜記》，北京：中華書局，1960 年影印版。

拴馬石

大牲畜中還有騾、驢。騾是牡驢牝馬雜交而成，產於匈奴。《說文十上‧馬部》稱：「騾，驢父，馬母。」騾子是馬與驢雜交而生的牲畜。戰國時期，有少量騾進入內地，成為王公貴族的手中之珍。《呂氏春秋‧愛士》曰：「趙簡子有兩白騾而甚愛之。」漢代時，騾子仍然非常珍貴，其身價可與珊瑚、珠玉相媲美。一些西北的少數民族也常把騾子當作稀有之物進獻給漢朝。漢以後，騾子逐漸在中原畜養。騾「大於驢而健於馬」[058]，挽力大而能持久，抗病力、適應性都很強，多作輓車和馱乘之用。

早在殷商時期，新疆一帶已開始馴養驢。漢初，陸賈在《新語》中提到了驢，但與犀、象、玳瑁、琥珀、珊瑚、翠玉同列，足見其珍貴程度。東漢末，與西域來往日益頻繁，

---

[058] 《本草綱目‧釋名》，北京：中醫古籍出版社，1994 年版。

大量驢被運入內地。東漢魏晉時，出現一股學驢叫的怪俗。東漢戴良母喜驢鳴，戴良學驢鳴。詩人王粲好驢鳴，王粲死後，曹丕率一幫文士一齊作驢鳴為他送葬。[059] 西晉孫楚作驢鳴，向好友王濟致哀。這一怪俗的出現，來自士人對禮教的蔑視和發洩，但卻說明驢得到人們的賞識和認同。明清和民初時，許多人專養驢來駕車或運送客人。

中國幾千年小農家庭結構的模式是「二畝土地一頭牛」。早在牛耕發明以前，牛就和中國人結下了不解之緣。相傳，商的先祖王亥作服牛，即用牛拉車。西周用牛作祭祀用的犧牲，春秋時發明了牛耕。《國語‧晉語九》載：「宗廟之犧，為畎畝之勤。」從此，牛為中國農業辛勤耕作了 2,000 多年。

《詩‧小雅‧無羊》載：「誰謂爾無牛，九十其犉。」戰國齊將田單用火牛陣破燕軍時，在久困的即墨城內收集了千餘頭牛，說明先秦時牛的數量就很可觀。養牛的牛欄就建在庭院內，一般是芻養和放牧。春秋齊人甯戚是個養牛的，他以〈飯牛歌〉說齊桓公，其中有「從昏飯牛薄夜半，長夜漫漫何時旦」[060] 的歌詞。農諺講：「蠶無夜食不長，馬無夜草不肥。」大牲口要夜裡添芻料，牛欄必需靠近居室，或者

---

[059]　〈世說新語‧傷逝〉，載《諸子整合》，上海：上海書店，1986 年影印版。
[060]　《史記‧魯連鄒陽列傳》裴駰集解，北京：中華書局，1959 年版。

主人睡在牛棚內。牛欄要天天清掃，保持衛生。西晉王祥受繼母虐待，天天掃除牛欄。白天不耕作，要把牛牽出拴在門外，農家門前到處可見拴著的臥牛。宋人范成大〈春日田園雜興〉詩：「系牛莫礙門前路，移系門西碌碡邊。」草木繁茂時，則牽牛放牧。西漢宗室劉盆子就是個牧牛童。人們發現，牛吃過的草很快會長出新葉，而羊吃過的草則悴槁，所以古代諺語說：「牛食如澆，羊食如燒。」[061] 騎在牛背上的牧牛童，田地上的牛耕圖，街頭巷尾的臥牛，是田園生活的特有景觀。

羊在古代有多種名稱，公羊稱「羝（ㄉㄧ）」。蘇武被扣押在匈奴牧羊，說是「羝乳乃得歸」，即等公羊哺乳小羊才能讓他回來。黑色公羊曰「羖（ㄍㄨˇ）」。春秋百里奚被秦穆公以「五羖羊皮」從楚國贖回來，因此稱作「五羖大夫」。白色公羊曰「羒（ㄈㄣˊ）」，母羊曰「羭（ㄩˊ）」，小羊曰「羔」。從種類上看，有綿羊、山羊兩種。羊性情溫和，羊肉鮮美，故「善」、「美」、「鮮」、「養」等字，都帶「羊」字。《詩·小雅·無羊》稱：「誰謂爾無羊，三百維群。」、「亡羊補牢」的故事說明，先秦時期，羊的數量就很多，丟個三五隻，仍有許多隻，還需要「補牢」。

---

[061] （明）郎瑛：《七修類稿》卷一七〈牛羊食草〉，北京：中華書局，1959 年版。

　　豬也稱「豕」、「豚」、「彘」、「豨（ㄒㄧ）」，母豬稱「豝
（ㄅㄚ）」，公豬稱「豭（ㄐㄧㄚ）」、「豵（ㄗㄨㄥˋ）」。《史
記・秦始皇本紀》中《會稽石刻》言：「夫為寄豭，殺之無
罪。」司馬貞索隱曰：「豭，牡豬也。言夫淫他家，若寄豭之
豬也。」先秦時，養豬就很普遍，曾參家和孟子東鄰都養豬。
漢代公孫弘、承宮、吳祐、楊匡、孫期、公沙穆等都放過豬。

清代任伯年繪〈蘇武牧羊圖〉

東漢鉛綠釉陶豬圈

　　狗又稱「犬」、「尨（ㄇㄤˊ）」、「獒」。《詩·召南·野有死麇》曰：「無使尨也吠。」《爾雅·釋畜》曰：「狗四尺為獒。」狗性機警，聽覺靈敏，善於和人溝通，且富有攻擊性，不僅是庭院的住客，還是人類馴化的第一位動物朋友。《禮記·少儀》言：「既受，乃問犬名。」鄭玄注曰：「畜養者當呼之名，謂若韓盧、宋鵲之屬。」孔穎達疏曰：「犬有三種：一曰守犬，守禦宅舍也；二曰田犬，田獵所用也；三曰食犬，充君子庖廚庶羞用也。田犬、守犬有名，食犬無名。」犬有食犬、守犬、田犬、警犬、信犬、役使犬、爬犁犬等等。食犬即肉食犬。《史記·刺客列傳》載，戰國荊軻在燕國，「日與狗屠及高漸離飲於燕市」，吃的當然是狗肉。西漢樊噲也是個屠狗的。犬也可用作祭祀的犧牲，《禮記·曲禮下》載：「凡祭宗廟之禮……犬曰羹獻。」守犬用來看守門戶。《風俗通·祀典·殺狗磔邑四門》講：「狗別賓主，善守禦，故著四門以闢群賊也。」西漢焦贛《易林·乾之第一》講：「中夜犬吠，盜在牆外。」蘇東坡亦有「晝馴識賓客，夜悍守門戶」的詩句。田犬用來幫助狩獵。上述韓盧、宋鵲是戰國著名的獵犬。古代獵犬還負責捕鼠。《呂氏春秋·士容篇》載：「齊有善相狗者，其鄰假以買取鼠之狗。」《東方朔別傳》[062] 講：「天下

---

[062]　《太平御覽》卷九〇四〈獸部一六·狗上〉引，北京：中華書局，1960 年影印版。

之良馬將以捕鼠深宮之中，曾不如跛犬也。」可知，先秦兩漢時期普遍用狗捕鼠。現代歇後語說「狗拿耗子 —— 多管閒事」，在古代卻是責無旁貸的職責。春秋戰國時期就有警犬。《墨子·備穴》記載當時用警犬擔任警戒說：「穴壘中各一狗，狗吠即有人也。」《晉書·陸機傳》載，西晉吳郡人陸機在洛陽當官，將書信裝在竹筒中，繫到愛犬黃耳的脖子上，黃耳千里跋涉，把信送到家中，「其後因以為常」。上述「狐白裘」中孟嘗君那個會「狗盜」的門客，學習的就是役使犬的技藝。《三國典略》[063] 載，北齊廣寧王高孝珩每次射箭，都呼狗為其取箭。他呼召左右不來，狗就用嘴把那些人一一拖來。這也是役使犬。生活在東北黑龍江流域的女真人，最早馴養爬犁狗，當時的爬犁稱作「狗車」。《大元一統志》載：「狗車以木為之，其制輕簡，形如船，長一丈，闊三尺許，以數狗拽之。」另外，狗還可以運米、帶路、救難等等。現代軍事、消防、偵察、緝私、報震、搶險、找礦、交通、導盲、雜技娛樂、體育比賽等，都留下犬的身影。由此可以理解「效犬馬之勞」的巨大付出了。

雞在六畜中是唯一的家禽。養雞可食肉、下蛋孵雛，雄雞司晨。《論語·微子》載，孔子弟子子路遇見一位老丈，

---

[063]　《太平御覽》卷九〇四〈獸部一六·狗上〉引，北京：中華書局，1960 年影印版。

「殺雞為黍」招待子路。古代農諺曰：「養雞生雛，畜馬得駒。」在中國人眼裡，母雞下蛋孵雛，雄雞司晨，是它們的天職。

《尚書·牧誓》稱：「牝雞之晨，唯家之索。」這雖是對女人的鄙視和汙衊，卻反映從遠古起，中國人即以雄雞司晨了。它與古人的起居密切相關。《禮記·內則》載：「雞初鳴，咸盥漱。」，「雞鳴」即丑時，從早上 1 時到 3 時。實際上，不用刻漏根本無法判定，夢中的人們只能以雞叫的時間為準。雄雞實際叫的時間比丑時稍晚些，到了冬天，雄雞還可本能地向後推延，這就更顯得可貴。秦國還把雞鳴定為開啟函谷關的時間。孟嘗君逃到函谷關前，有一門客學雞叫，才騙開關門逃走。這也說明，國家也按雞實際鳴叫的時間制定法令。西晉末，劉琨、祖逖「聞雞起舞」，即聽到雞鳴起床舞劍練武。一般的農家在雞鳴時，就必須得下田幹活了。高玉寶寫的「半夜雞叫」，就反映了這一風俗。《風俗通·祀典·雄雞》稱：「俗說，雞鳴將旦，為人起居，門亦昏閉晨開，扦難守固。禮貴報功，故門戶用雞也。」、「一唱雄雞天下白」，在數千年的起居生活中，雞鳴幾乎是所有人白晝活動的開端，它天天召喚著人們的覺醒，由此可知「雞司晨」的偉大意義。

鴨，又稱「鶩」、「鳧」，家鴨、野鴨通稱。屈原〈離騷〉「將與雞鶩爭食乎」中的「鶩」，是指家鴨。王勃〈滕王閣序〉中「落霞與孤鶩齊飛」的「鶩」，是指野鴨。除專業飼養者外，鴨多為靠近河灣溝池的家庭所飼養。

鵝，江東呼為「舒雁」，江淮以南飼養較多。東晉王羲之好鵝，為一道士寫《道德經》，換回了一大群。會稽一孤老太太家中養一隻鵝，聽說王羲之喜歡，烹鵝以待羲之。其實，王羲之是為了觀察鵝划水的動作，來領悟書法的奧妙。蘇軾的《東坡集林》講，「鵝能警盜卻蛇」，有的人家也用來防守門戶。

近代徐悲鴻繪〈竹雞圖〉

　　貓在古代稱作「貍」、「貍奴」。陸游〈贈貓〉詩：「裹鹽迎得小貍奴，盡護山房萬卷書。」秦檜的孫女還養了一隻獅貓，丟失後臨安府追訪不著，以金貓賠償才交了差。大部分人養貓，不是當作寵物，而是用來捕鼠。《禮記·郊特牲》講：「迎貓為其食田鼠也。」後來又有古諺說：「豬來窮家，狗來富家，貓來孝（耗）家。」[064] 窮家牆破籬穿，故豬來；富家遺棄的肉骨多，故狗來；因老鼠消耗糧食多的人家，則貓來。

三、樹果六畜的文化意蘊

　　中國人喜歡以人的文化心態，人的生命運動方式去感受、體會家中的一切，他們同樹果六畜在一個庭院中共處了數千年，在對樹果六畜的臧否褒貶中，把它們都納入了人的吉凶禍福、善惡榮辱、悲歡離合之中，使其成為人的文化載體和符號，以此來突出人的主體地位和主動意識。

（一）樹果六畜的人化

　　幾千年來，中國人對樹果六畜傾注了太多的人情，把從中獲得的情感，經過心理加工後，再回饋到樹果六畜身上，為樹果披上生命的靈光，給六畜賦以人的名分。

---

[064]　《古今圖書整合·禽蟲典》引《雪濤叢談》，北京：中華書局，成都：巴蜀書社，1985 年版。

　　中國的桃、杏、李等樹果後面都有「子」字，又稱桃李為弟子、梧桐為貴孫枝、槐樹為三公，石榴為多子房。人獸之別，本來是一種強烈的道德價值判斷，可一進入家畜家禽的行列，就完全變了。從先秦時，中國人就給狗起名字。顧炎武《日知錄》說，河北、山東稱貓為「男貓、女貓」。西晉崔豹《古今注》載，驢被稱為「長耳公」，羊稱「髯鬚主簿」，豬稱「長喙參軍」，不僅為它們起名字，還要封官加爵。龍的傳人，竟稱呼自己的兒子為「犬子」。《顏氏家訓·風操》說：「周公名子曰禽，孔子名兒曰鯉……衛侯、魏公子、楚太子皆名蟣蝨，長卿名犬子，王脩名狗子……北土多有名兒為驢、駒、豚子者。」直到現在，仍可聽到「大牛」、「二狗」等乳名。

　　中國人不僅把樹果六畜異化成人，而且還以它們來計算時間，為它們規定節日。用干支紀年、月、日、時的十二地支把六畜全部錄用在內。由於用它來紀年，每個中國人必須屬狗或者屬牛。從正月初一到初七，分別為雞、狗、豬、羊、牛、馬、人的節日，雞日不殺雞，狗日不殺狗，竟把人和家畜排在一起。

　　這種把樹果六畜當作人的異化物、參照物的現象，絕不是對人性的褻瀆，恰恰襯託了人性的崇高、偉大和博愛。也是熱愛家園心態的折射，古代叫做「愛屋及烏」。一個遠

離家鄉的人，望見村頭的老槐樹，看到家中的雞狗，都會倍感親熱。然而，自給自足的小農家庭經濟基礎，又決定了中國人不可能像西方一樣把某種家畜當作寵物，它們必須承擔起馬駕乘、牛耕田，雞司晨、犬守門、貓捕鼠，豬羊充庖的職責。近幾年來，城市家庭飼養寵物，是一種新興的價值取向。

（二）倫理道德的載體

樹果六畜被賦以仁、義、禮、智、信、忠、孝、節、廉等各種道德秉性，透過其精神價值的強化和高揚，來顯示人際倫理的必然和高尚。

紅豆相思，石榴多子，松柏不凋，翠竹著節，人的情感被映印在樹果、六畜身上，是儒家和普通民眾普遍存在的文化心理。中國人常講，「人要臉，樹要皮」、「人爭一口氣，樹活一張皮」、「好馬不吃回頭草」、「好馬不配二鞍」，是講樹畜也有氣節和廉恥；烏鴉反哺、羊羔跪乳，是講禽獸也有孝道；「桀犬吠堯，各為其主」，是講犬馬也重忠義。《韓詩外傳》卷二第二十三章說，雞有文、武、勇、仁、信五種道德素質：「頭戴冠者，文也；足傅距者，武也；敵在前敢鬥者，勇也；見食相呼者，仁也；守夜不失時者，信也。」

樹果六畜也是人們顯示人際倫理的替代物。曾參之父喜食羊棗（軟棗），父死後曾參不忍食羊棗。孔融四歲讓梨。

《禮記·曲禮》載：「尊客面前不叱狗。」老百姓還講「打狗看主人」。因此，樹果六畜還蘊載著孝悌、禮敬、鄰里和睦等文化精神。

綜上所述，這些都反映了傳統倫理道德的強大滲透力，展現著人民純樸、善良的傳統美德。然而，也正是這種倫理道德模糊了中國人的視野，他們雖然發現樹果對陽光的競爭，也看到禽獸間的弱肉強食，卻沒形成以生存競爭、優勝劣敗、自然選擇為基礎的進化論。

（三）人生哲理的體驗

中國人善於從樹果六畜中引發和體驗人生哲理，並將其納入日常生活的吉凶禍福之中，形成逢凶化吉的思維方式和行為習慣。

中國人的許多人生哲理都與樹果六畜有關，除上述涉及的之外，還有：

「十年樹木，百年樹人。」[065]

「桃李不言，下自成蹊。」[066]

「寧為雞口，無為牛後。」[067]

「見兔而顧犬，未為晚也；亡羊而補牢，未為遲也。」[068]

---

[065] 〈管子·權修〉，載《諸子整合》，上海：上海書店，1986 年影印版。
[066] 《史記·李廣列傳》，北京：中華書局，1959 年版。
[067] 《史記·蘇秦列傳》，北京：中華書局，1959 年版。
[068] 《戰國策·楚策四》，上海：上海古籍出版社，1985 年版。

「服牛乘馬，引重致遠。」[069]

「一犬吠形，百犬吠聲。」[070]

本章第二節中所述的卜宅的風俗，也涉及樹果六畜。「鳳凰來翔」、「牝雞之晨」等樹果六畜的自然現象，被認為是祥瑞、災異，不僅關係到家族、子孫的吉凶禍福，也關係到國家的成敗興衰。歷代正史的《五行志》、《靈徵志》都大量記載這些現象。像狗冠人衣冠、犬豕相交、禽畜怪胎、雄雞生蛋等現象都是災異，稱作「禍」；而「嘉禾雙穗」、「樹木連理」則是祥瑞，象徵著國家富強，「八方為一」。

然而，在中國傳統文化中，又有「君子以自強不息」的奮發進取精神，在這些吉凶禍福的體驗中，中國人又產生了「逢凶化吉」的行為習慣和思維方式，使這種被動、命定思想又有主動、人定的因素。

梨與「離」音同，改稱「圓果」。陸容《菽園雜記》稱：「諱梨（離）散，以梨為圓果。」而且不分割吃梨。栗有「寒慄」之意，把它與棗配套，轉義為「早立子」。桑與「喪」諧音，不僅不栽在門前，而且化解為「桑梓」，用來表示對父母的懷念。柳宗元〈聞黃鸝詩〉曰：「鄉禽何事亦來此，令我生心憶桑梓。」桑和榆組合成「桑榆」，表示晚霞

---

[069]　〈易經‧繫辭下〉，載《十三經註疏》，北京：中華書局，1980 年影印版。

[070]　（東漢）王符：〈潛夫論‧賢難〉，北京：中華書局，1979 年版。

的餘光。劉禹錫〈酬樂天詠老見示〉道：「莫道桑榆晚，為霞尚滿天。」

這種「逢凶化吉」的觀念，不僅反映了脆弱的小農對凶禍的恐懼，對吉祥的嚮往，而且在這種被動、命定意識的背後，還表現了人們企圖用自己的努力、智慧，來主宰生活的進取精神。儘管它是荒唐的，與科學精神相悖的。

● 第五節
中國人的家園意識巡視

「家」這個的稱呼，對人來說，簡直是太親切、太溫馨了。人們的生老病死、飲食起居、婚喪嫁娶、交際往來、悲歡離合、善惡榮辱都和家緊密相連。幾千年來，中國人對它傾注了無數的精力、財力和情感，不僅獲得了安定、溫暖的回報，還從中發掘、體會出家的各種文化意蘊，形成了中國人普遍而獨特的文化心態。

一、封閉的文化圈與中國人的內向心態

中國的住居結構是一個封閉的文化圈。宅院四周被房屋、院牆嚴密封閉，不向外開窗不僅是四合院的特點，還是中國傳統住居的特點。外部世界通向宅院的唯一通道是門戶，可中國人特別注意門戶的把守。除「犬守門」外，門

口設門神、艾人、桃符、影壁、石獅，房梁上寫著「太公在此」，正對橋梁、巷口處有「泰山石敢當」的刻石。即使這樣，還擔心「沒有不透風的牆」。中國人喜歡高大而沒有透明度的牆，西漢焦贛《易林》[071] 載：「千仞之牆，禍不入門。」宅院有院牆，村寨有寨牆，都城有城牆，整個國家北方還有萬里長城。這種層層封閉的居住結構，鮮明地反映了中國人的盲目排外心理，自我封閉意識和不開放的內向心態。

中國人從床上走出家，要越過床帳、屏風、門戶、門簾、影壁、門檻等層層障礙，所以很難向別人展示自己內心的感情世界。家中的一切都要遮得嚴嚴的，門口設門簾、影壁，是「家有長幼，不欲外人窺之」。「逾牆」和「鑽六隙相窺」都是不道德的。「家醜不可外揚」，是至今奉行的千古遺訓。

封閉的文化圈，使人們對家產生了強固的凝聚力和安土重遷，故土難離的戀土意識。

中國的老百姓喜歡守家在地，他們常講「破家值萬貫」、「金窩銀窩不如自己的土窩」。北宋邵雍還把自己的住居叫「安樂窩」。故土家園又和古代的邦國意識結合在

---

[071] 《太平御覽》卷一八七〈居處部‧牆壁〉引，北京：中華書局，1960 年影印版。

一起，叫做「父母之邦」、「父母之國」。孔子去魯，曰：「遲遲吾行也，去父母國之道也。」[072] 孟子主張「死徙無出鄉」[073]。中國人不在萬不得已的情況下從不願意遷徙，歷代王朝的移民大都有強制或懲罰的性質。

離開祖祖輩輩居住的家園或者喪失家園的人們，為此付出了巨大的悲痛和哀思。西晉滅亡後，避亂遷徙到南方的士族經常在江邊聚會，舉目北望，痛哭流涕。「克復神州」、「北伐中原」，成為極富時代精神的口號。「烽火連三月，家書抵萬金。」千百年來，「家」一直是中國人歌頌和哀痛的永恆的主題。

中國人對故土家園的熱戀，成為保家衛國、抵禦外侮的動力和泉源。然而，這一封閉的文化圈把中國人祖祖輩輩圈固在同一個小圈子內，又限制了人們視野和境界的開闊，窒息了向外界進取的開拓精神。

二、住居禮儀與安守本分的個性

中國傳統文化具有鮮明的隆禮特徵，住宅是演習和實施禮儀的場所之一。「為人子者，行不中道，立不中門」、「賓入，不中門，不履閾」、「寢不屍，居不容」[074]，「坐毋箕」，登堂脫履等，都是耳濡目染和必須遵守的禮儀規範。

[072]　〈孟子·萬章下〉，載《諸子整合》，上海：上海書店，1986 年影印版。
[073]　〈孟子·滕文公上〉，載《諸子整合》，上海：上海書店，1986 年影印版。
[074]　〈論語·鄉黨〉，載《諸子整合》，上海：上海書店，1986 年影印版。

是否遵守它，不僅是衡量每個人道德水準和修養的外在尺度，還成為個人道德自律的主動欲求。宰予晝寢，孔子罵他「朽木不可雕也」[075]。直到現在，中國人仍用這些起居禮儀自覺地約束自己。「家有長幼，不欲外人窺之」的舊觀念，使現代人進別人家，即使門開著也要敲門；到別人家後，主人不讓座，一般不自己主動坐下；尊重家庭隱私的觀念，即使關係再好的人也不能在朋友家翻箱倒櫃。進到人家居室內，發現家裡沒人，會感到說不出的不自在。

幾千年的居住禮儀規範，養成了中國人循規蹈矩、安守本分的個性。「走後門」、「旁門左道」、「歪門斜道」，不僅是對不安本分者的鄙視，還說明居住禮儀已滲透到人的所有行為規範中，成為傳統禮教的有機成分。就連古代超越禮制，臨朝稱制的皇太后，也要安守「男女有別」的本分，來個「垂簾聽政」。

三、睦鄰擇鄰與中國人的鄰里觀念

古制，五家為鄰，又以五家為伍，聚族列裡而居，鄰居也稱「鄰伍」、「鄰里」。這一組織形式將閉塞、孤立的住宅聯繫起來，形成了古代的鄰居關係。中國的住宅往往都是祖祖輩輩居住的「祖居」，鄰里也是世代交往的「世交」，或

---

[075]　〈論語・公冶長〉，載《諸子整合》，上海：上海書店，1986 年影印版。

者是同一血緣的宗族。所以，中國人特別注意鄰里之間的和睦、互助，而反對「以鄰為壑」。《左傳·昭公三年》記載當時民諺日：「非宅是卜，唯鄰是卜。」《孟子·滕文公上》講：「鄉田同井，出入相友，守望相助，疾病相扶持。」近代民諺說：「遠親不如近鄰，近鄰不如對門。」

《禮記·檀弓上》載：「鄰有喪，舂不相；里有殯，不巷歌。」西漢王吉因妻子摘東家的棗而出妻，東家知道後欲伐其樹，迫使王吉收回成命。鄰里為之語日：「東家有樹，王陽（吉）婦去；東家棗完，去婦復還。」[076] 王勃〈杜少府之任蜀州〉詩：「海內存知己，天涯若比鄰。」這些都反映了古人對鄰里關係的關注、珍視和讚譽。白居易〈欲與元八卜鄰先有是贈〉詩，鮮明地反映了當時擇鄰、睦鄰風俗：

平生心跡最相親，欲隱牆東不為身。
明月好同三徑夜，綠楊宜作兩家春。
每因暫出猶思伴，豈得安居不擇鄰。
可獨終身數相見，子孫長作隔牆人。

道德品格的自律和「非禮毋視」的觀念，使中國人很早就注意到鄰里之間的互相影響，西晉傅玄在《太子少傅

---

[076] 《漢書·王吉傳》，北京：中華書局，1962 年版。

箴》中稱作「近朱者赤，近墨者黑」。老百姓受孟母擇鄰的
影響，叫做「跟好鄰，學好鄰，跟著姑娘會下神」。南朝高
季雅用 1,100 萬巨資買一新居，說：「一百萬買宅，千萬買
鄰。」[077] 光緒二年（西元 1876 年）甘肅《文縣志》載民諺
曰：「千貫治家，萬貫結鄰。」後來，中國一直流傳「千金
買鄰」的諺句。

四、墨子、莊子的思想與中國人的家園保護意識

中國的住宅還是一個御防盜賊野獸、祛除鬼怪凶禍的綜
合防禦體系，其中主要是御防盜賊。

戰國時期的墨子，是較早闡述庭院保護意識的思想家。
他以小生產者的私有財產為價值取向，認為從「入人園圃，
竊其桃李」、「攘人犬豕雞豚」，到「入人欄廄，取人牛馬」；
從「小為非」到「大為非」、「虧人愈多，其不義茲甚」[078]。
所以，墨子的社會批判思想，是透過非道德數值的遞加、累
積，來進行邏輯推理的，而基點和出發點，是對危害宅院的
「雞鳴狗盜」的批判。莊子的「強盜邏輯」，似乎與墨子並不
矛盾。他雖怒斥「竊國者」，但並不贊成「竊鉤者」。他描述
的盜蹠絕不是一個雞鳴狗盜之徒，而是一個「盜亦有道」，

---

[077]　《南史・呂僧珍傳》，北京：中華書局，1975 年版。
[078]　〈墨子・非攻〉，載《諸子整合》，上海：上海書店，1986 年影印版。

具備聖、勇、義、智、仁等五種道德素質的「大盜」。

　　墨子、莊子的思想與中國人對強盜的是非價值判斷產生了強烈的共鳴。中國人最痛恨的是那些毀滅、搶奪土地家園的侵略者，把他們視為不共戴天的強盜。在日常生活中，凡是損害宅院利益的偷雞摸狗行為，被人們鄙視和不齒，**轟轟烈烈**的「江洋大盜」的膽氣為人們欽服，秋毫無犯的仁義之師則得到人們的擁護。

行旅風俗

　　行旅是人類社會經濟發展到一定階段的產物。行旅風俗
主要包括出行、旅行、旅遊，以及舟車、乘騎、道路、旅店
等行旅設施，出行禮俗、行旅觀念等。

● 第一節
古代行旅之程

「行旅」一詞，在《孟子‧梁惠王上》中已出現：「行旅皆欲出於王之塗（途）。」《說文二下‧行部》講：「行，人之步趨也。」、「旅，軍之五百人為旅。」作為「行」、「寄」、「旅行」之義的旅是後起的，如樂府〈十五從軍征〉載：「中庭生旅穀，井上生旅葵。」

許多遠古的傳說，如神農嘗百草、夸父逐日、精衛填海等，實際上都是人類文明最初階段的旅行活動。

《史記‧五帝本紀》載，黃帝經常巡遊，「東至於海，登丸山，及岱宗。西至於空桐，登雞頭。南至於江，登熊、湘。北逐葷粥，合符釜山……遷徙往來無常處」。《史記‧封禪書》載：「中國華山、首山、太室、泰山、東萊，此五山黃帝之所常遊，與神會。」大禹治水「陸行乘車，水行乘

舟，泥行乘橇，山行乘檋（ㄐㄩ）」、「披九山，通九澤，決九河，定九州」[079]，足跡遍布大半個中國。這些傳說，揭開了中國旅行歷史的朦朧篇章。

夏、商、周三代，商旅活動非常活躍。除了商旅，還有天子諸侯的遊獵、巡遊之旅。如夏朝君主太康好田獵遊樂，常到洛水邊遊嬉，放縱於「淫湎康樂」而失國於后羿。《穆天子傳》等典籍中記載的周穆王西遊，「升於崑崙之丘，以觀黃帝之宮」、「觴西王母於瑤池之上，西王母為天子謠曰：『白雲在天，山陵自出，道里悠遠，山川間之，將子無死，尚能復來？』」周穆王和之以〈東歸〉。這些神奇美麗的傳說，對後來的旅遊產生了神祕莫測的影響。

春秋戰國時期，商人「負任、擔荷，服牛、軺馬，以周四方」[080]，因此出現了《史記·貨殖列傳》中「天下熙熙，皆為利來；天下攘攘，皆為利往」的盛況。被西方世界稱為「塞里斯」的精美絲綢，約在西元前四、五世紀進入古希臘城邦國家。帕德嫩神廟的命運女神像等，身上都穿著透明的絲織物，說明這一時期中國的絲綢已遠銷古希臘、歐洲地區。

天子諸侯的遊獵、遊覽活動也非常普遍。《列子·力

---

[079] 《史記·夏本紀》，北京：中華書局，1959 年版。
[080] 《國語·齊語》，上海：上海古籍出版社，1978 年版。

命》載，齊景公遊牛山，望
著齊國說：「美哉國乎！鬱
郁芊芊。」他「遊於海上而
樂之，六月不歸」[081]。楚
宣王「遊於雲夢，結駟千
乘，旌旗蔽日」，仰天而笑
曰：「樂矣，今日之遊也。
寡人萬歲千秋之後，誰與樂
此矣？」[082]。蔡靈侯嗜遊
忘歸，「南遊乎高陂，北陵
乎巫山……馳騁乎高蔡之
中」[083]。另外，「春秋之中，
弒君三十六，亡國五十二，

諸侯奔走不得保其社稷者不可勝數」。這就出現了一種極為
悲涼的行旅活動 —— 流亡。齊桓公、晉文公即位前，都曾經
在外流亡。

---

[081]　《太平御覽》卷六〇〈地部二十五·海〉引《說苑》，北京：中華書局，
　　　　1960 年影印版。
[082]　《戰國策·楚策一》，上海：上海古籍出版社，1985 年版。
[083]　《戰國策·楚策四》，上海：上海古籍出版社，1985 年版。

宋代李唐繪〈晉文公復國圖〉
圖中描繪的是晉文公（重耳）流亡在外十九年，最後回國即位的故事
因為晉文公很多時間是在路上，所以圖中多有車馬等描繪

　　春秋戰國時期的行旅，還出現了兩種新現象：一是
「士」階層為「以布衣取卿相」而進行的遊學、遊說之旅；
二是儒家和道家首先提出了自己的旅遊理論。儒家的代表人
物孔子在周遊 14 國的基礎上，提出了「知者樂水，仁者樂
山」[084] 的旅遊理論，後世稱之為「比德說」。道家的代表人
物莊子則開了中國古代「心遊」、「神遊」的先河，提出了

---

[084]　〈論語・雍也〉，載《諸子整合》，上海：上海書店，1986 年影印版。

「乘雲氣，御飛龍，而遊乎四海之外」[085] 的「逍遙遊」思想，後世稱之為「情感說」。

秦漢時期是中國第一次大一統的時期，在海內一統、地大物博、國力強盛、政通人和的社會環境下，行旅表現出一種前所未有的強勁態勢。世人不再滿足於空守書宅，而是展開了轟轟烈烈的旅行和遠遊。因此，秦漢時期的行旅形式更加多樣，範圍更加廣闊，有出巡萬里的帝王巡遊，有遊學、遊宦、科學考察的文人之旅，有汲汲於途的商旅，有張騫、班超等人的外交探險之旅，還有方士、僧侶的宗教之遊，下層勞動人民的民俗節日遊等等，形成了獨具一格的行旅風尚。

魏晉南北朝時期，儒學式微，玄學、佛教、道教趁機興起，旅遊風尚從「知者樂水，仁者樂山」的功利旅遊，變為恣情山水的玄遊、仙遊、釋遊等逍遙遊。

由於政局動盪，知識分子為了明哲保身，大多遁世避俗，寄情山水，形成了蔚為壯觀的玄遊之風。如阮籍「登臨山水，經日忘歸」。王羲之與謝安、孫綽等 41 位名士會於山陰（今浙江紹興）蘭亭，飲酒賦詩，「暢敘幽情」，留下了千古名篇〈蘭亭集序〉。棄官後，王羲之「與東土人士盡山水之遊，弋釣為娛。又與道士許邁共修服食，採藥石不遠千

---

[085]　〈莊子·逍遙遊〉，載《諸子整合》，上海：上海書店，1986 年影印版。

里，遍遊東中諸郡，窮諸名山，泛滄海」[086]。謝靈運素愛山水，為永嘉太守時，便不理政事，終日登山臨水。「稱疾去職」後，經常帶著僮僕和門生數百人到處探奇訪勝。據說他「嘗自始寧南山伐木開徑，直至臨海，從者數百人。臨海太守王琇驚駭，謂為山賊，徐知是靈運乃安」[087]。他發明的「謝公屐」，就是為了登山旅遊的。

除了玄遊之外，佛教的釋遊、道教的仙遊等宗教旅遊也非常盛行。

在這一時期，「旅遊」一詞正式產生，南朝梁沈約〈悲哉行〉一詩曰：「旅遊媚年春，年春媚遊人」。「旅」、「遊」兩字雖然出現得很早，使用頻率也較高，但大都分開使用。這一專用名詞的出現，表明了「旅遊」在「衣、食、住、行」等社會生活中的位置。因此，中國嚴格的旅遊之風，實開自魏晉。

魏晉時的旅遊雖已覺醒，卻是由於不滿社會而寄情山水，「畫短苦夜長，何不秉燭遊」，表現出一種對世俗既憤懣又無可奈何的失落，難免顯得小家子氣。而隋唐的旅遊則洋溢著一種豪放壯美、樂觀自信的磅礡大氣，旅遊天地更為廣闊。「海內存知己，天涯若比鄰」、「大鵬一日同風起，扶搖

---

[086] 《晉書·王羲之傳》，北京：中華書局，1974 年版。
[087] 《宋書·謝靈運傳》，北京：中華書局，1974 年版。

直上九萬里」、「莫愁前路無知己，天下誰人不識君」等，就是這一時代精神的反映。

唐代的陸路交通，「東至宋、汴，西至歧州，夾路列店肆待客，酒饌豐溢。每店皆有驢賃客乘，倏忽數十里，謂之驛驢。南詣荊、襄，北至太原、范陽，西至蜀川、涼府，皆有店肆，以供商旅。遠適數千里，不持寸刃」[088]。水路交通也達到鼎盛，「天下諸津，舟航所聚，旁通巴、漢，前指閩、越，七澤十藪，三江五湖，控引河路，兼包淮海。弘舸鉅艦，千軸萬艘，交貿往還，昧旦永日」[089]。唐太宗李世民斥遠遊、主近遊的旅遊觀念使帝王巡遊減弱，取而代之的是胸懷經綸大志、有建功立業雄心的中下層知識分子的旅遊。這使得唐代旅遊群體的重心開始下移，寒門士子成為旅遊活動的主力軍。

宋元時期的旅遊顯得恬淡嫻靜。有宋一代，國土淪喪，程朱理學興起，已沒有唐代旅遊那種奮進激昂的氣魄，而是更具理性，重情趣，習慣在遊山玩水中探求人生和自然的種種哲理。

歐陽修在〈醉翁亭記〉中描繪了醉翁亭的山水景色和人們的熙來攘往後，慨嘆「醉翁之意不在酒，在乎山水之間

---

[088]　（唐）杜佑：《通典·食貨·歷代盛衰戶口》，北京：中華書局，1988 年版。
[089]　《舊唐書·崔融傳》，北京：中華書局，1975 年版。

也」，其情趣令人回味無窮。著名的理學家朱熹，更是善於格物致知。他透過遊川流和湖塘，用「半畝方塘一鑑開，天光雲影共徘徊，問渠哪得清如許，為有源頭活水來」證實流水不腐，自學之道必須吐故納新，立身之道應正本清源的哲理。宋代因遊言理、追求理趣的旅遊之風，在審美水準和意境領悟上，較之唐代更高一層。

此外，宋代因為一直處於內憂外患的困境中，所以當時人雖然頻繁出遊，但總是觸景生情，愛國憂國之心存於字裡行間，這也為中國古代的旅遊文化增添了歷史的沉重感。如北宋宰相寇準被貶到地方任職時，常以出遊來寄託邊患未平、社稷未固的憂國之情。在遊河陽的河心亭時，他不僅不能遊而忘情，反而更增愁緒：「峰闊檣稀波渺茫，獨憑危檻思何長。蕭蕭遠樹疏林外，一半秋山帶夕陽。」著名政治家范仲淹在描寫完洞庭湖陰晴四季的景色後，發出了「先天下之憂而憂，後天下之樂而樂」的呼喚，成為以遊寄情的典型。

元朝地跨歐亞大陸，「北逾陰山，西極流沙，東盡遼左，南越海表」[090]，為旅遊活動提供了一個廣闊的空間。統治者實行極端的民族歧視政策，所以國內旅遊受到壓制，顯得較為平淡。這一時期的國際旅遊卻非常活躍，出現了像耶律楚材、丘處機、汪大淵、馬可·波羅、伊本·巴圖塔這樣的大

旅行家，使旅遊和東西方文化傳播融為一體。

明清時期是專制主義中央集權高度強化和資本主義萌芽產生的時期，旅遊活動也在曲折中持續發展：審美能力進一步提高，藝術化傾向悄然滋長。明初，為了擴大海上交通，與海外各國建立友好關係，朝廷先後數十次派遣使者分赴南海和印度洋諸國，從而造就了海外旅行的興盛。其中最為著名的是航海家鄭和七次下西洋，它與明後期西方傳教士的東來一起，改變了人們的華夷觀念，由原來中國和四夷的對立逐漸轉變為中國和西洋的對立。

明代中葉以後，一些知識分子受資本主義萌芽的影響，開始摒棄空談性理的風氣，向經世務實轉變。主張「不必矯情，不必逆性，不必昧心，不必抑志」[091]，走出書齋，邁向大自然。這就使明代旅遊向實地遊覽考察、科學研究方向發展，導致學術考察遊之風大漲。著名地理學家徐霞客窮畢生精力，「問奇於名山大川」，探索大自然的奧祕，透過實地考察，寫成了被譽為「世間真文字、大文字、奇文字」的《徐霞客遊記》，為中國的地理學、地質學、遊記文學做出了重大貢獻。清代前期出現的「康乾盛世」，使旅遊活動更為普及。康熙、乾隆帝多次巡遊江南，興起了古代帝王巡遊的最後一次高潮。其後大清國運每況愈下，古代旅遊逐漸成為逝去的風景。

---

[091] （明）李贄：《焚書》卷二，北京：中華書局，1975 年版。

● 第二節
旅遊的類型

　　旅遊可按照主體的不同，分為帝王巡遊、士人遊學遊
宦、科學考察遊、商旅之遊、宗教之遊、民俗節日遊、漫遊
等等。

一、帝王巡遊

　　巡遊，又稱為「宸遊」、「巡幸」、「巡狩」、「巡省」等，
是指統治者駕出京城，前往各地巡視，考察官吏政績、山川
地形以及遊覽名山大川的活動。在行旅史上，一般稱之為巡
遊之旅。《晉書·禮志下》載：「古者帝王莫不巡狩。」上
述第一節中已談到，黃帝及其後裔堯、舜、禹都有過巡遊經
歷。《尚書·舜典》載，舜「歲二月東巡守，至於岱宗」、「五
月南巡守，至於南嶽」、「八月西巡守，至於西嶽」、「十有一

月朔巡守，至於北嶽」。最後確立，天子「五載一巡守」。

到夏商周三代以至春秋戰國時，統治者的巡遊除了政治目的外，開始有了遊山玩水的性質。上述周穆王、齊景公、楚宣王、蔡靈侯的遊玩，都因景色美麗而樂以忘歸。

秦漢時期，最輝煌壯觀的帝王巡遊莫過於秦始皇和漢武帝。

秦始皇可謂帝王巡遊的第一人，開創了中國封建帝王巡遊的基本正規化。他封禪泰山，又奠定了封建帝王的巡幸和封禪制度。秦始皇在位期間，共進行過五次大規模的巡遊，幾乎有一半時間是在各地旅行中度過，留下了不少遺跡和佳話。如秦始皇頌德紀功的嶧山刻石、泰山刻石、琅邪刻石、芝罘刻石、會稽刻石、碣石刻石，尤其是命丞相李斯篆書的泰山刻石，至今仍遺有十個殘字，成為稀世珍寶。秦始皇下泰山途中，「風雨暴至，休於樹下，因封其樹為五大夫」，這就是泰山五大夫松、五松亭的由來。

與秦始皇相比，漢武帝巡遊的規模之大、次數之多、歷時之長，更有過之而無不及。他在位 54 年，一共進行了各種形式的封禪、巡幸、遊歷達 30 多次，曾兩次北巡，六次西巡，兩次東巡，一次南巡。西至雍縣，抵於汾陰；北登單于臺，至朔方，臨北河；東巡齊魯，封禪泰山，巡遊渤海；南達南郡，巡遊荊揚，許多名山大川都留下了他的足跡。漢武帝本人也自

誇說：「朕巡荊揚，輯江淮物，會大海氣，以合泰山。上天見
象⋯⋯其赦天下」[092]。元封二年（西元前 109 年）三月，漢
武帝東巡，先登遊中嶽太室，在嵩山觀看了相傳「石破北方而
啟生」的夏後啟母石，並登覽中嶽的最高峰，下詔封嵩山為
「嵩高」。相傳漢武帝在登嵩山時，突然聽到山谷中傳來「萬
歲」的呼聲，便附會說這是山神的呼喚，遂將此山峰命名為
「萬歲峰」。遊覽了嵩山後，漢武帝又東巡齊魯，到渤海訪神
求仙。再由渤海巡遊至奉高縣（今山東泰安）、蛇丘、歷城等
地，登泰山、梁父之巔，大行祭祀天地的封禪之禮。下山後，
漢武帝又循當年秦始皇的足跡，北上碣石以觀滄海，最後自遼
西沿邊塞西行，南返甘泉宮（今陝西淳化甘泉山上）。元封五
年（西元前 106 年）冬，漢武帝開始南巡。他經由盛唐（今安
徽安慶）向湖南九嶷山遙祭虞舜，再由湖北江陵東下安徽潛山
縣，登天柱山，設臺祭嶽，封皖山為「南嶽」。後渡過長江到
達潯陽（今江西九江），遊廬山，祭祀廬山山神匡俗，封匡俗
為大明公。之後順流東下，至今安徽樅陽縣棄船登岸，北遊琅
邪，觀滄海，封禪泰山，在泰山上立「無字碑」，表示自己的
功績超過歷代帝王，已無法用言語表達。

「我夢江都好，征遼亦偶然。」與前代相比，隋煬帝楊廣
的巡遊少了許多遮掩，流露出更多的遊山玩水之情，甚至置

---

[092] 《漢書・武帝紀》，北京：中華書局，1962 年版。

江山社稷於不顧。他荒淫無度、窮奢極欲，為了遊江都，製造了數萬艘船隻。他自己乘坐的龍舟高 45 尺，寬 50 尺，長 200 尺。船分四層，上層有正殿、內殿及東西朝堂，中間兩層有房間 160 間，且用金玉裝飾得富麗堂皇，極盡奢華之能事。巡遊時，「舳艫相接，二百餘里」[093]，騎兵在陸上夾岸護送，旌旗蔽野，人馬逶迤，場面非常闊氣壯觀。當他第三次巡遊時，全國已燃起農民起義的熊熊大火，但楊廣仍是不以為然，照舊尋歡作樂，醉生夢死，最終導致隋朝滅亡。

　　宋、元、明、清時期，都有帝王巡遊，其中尤以康熙、乾隆為最。康熙帝曾在康熙二十三年（西元 1684 年）至四十六年（西元 1707 年）的二十餘年間六次巡遊江南，留下了許多墨寶。在金山「留雲亭」裡題「江天一亭」，故此亭又名「江天一覽」亭；在拜謁明孝陵時，御筆親題「治隆唐宋」，以示對漢族皇帝的尊重；遊西湖時，題寫了西湖「蘇堤春曉」、「平湖秋月」、「斷橋殘雪」、「雷峰夕照」、「花港觀魚」、「柳浪聞鶯」、「三潭印月」、「雙峰插雲」、「曲院風荷」、「南屏晚鐘」十景，使西湖更加聞名遐邇。相傳綠茶「碧螺春」的名號也是由康熙帝所題，一直沿用至今。乾隆帝即位後，也曾前後六次巡遊江南，走的路線與康熙的基本一致，但其遊覽色彩又大大超過康熙。

---

[093]　《隋書・煬帝紀上》，北京：中華書局，1973 年版。

清代徐揚等繪〈乾隆南巡圖〉（第六卷：大運河至蘇州）（局部）

　　總體說來，帝王巡遊興師動眾，勞民傷財，對人民生活來說往往有破壞而無裨益。但從旅遊史或旅遊文化的發展來看，則有一定的積極影響。如秦始皇為了方便巡遊，「治馳道」、「墮壞城郭，決通川防，夷去險阻」，大大促進了交通、旅行方面的建設。巡遊還開發了許多名山大川的旅遊資源，如五嶽之所以成為名山，就與帝王的不斷「臨幸」有很大的關係。

二、文人士大夫的旅行

古代文人士大夫的旅行可分為遊學、遊宦、科學考察遊等。

（一）遊學

「遊學」指遠遊異地，從師求學。先秦秦漢時期的「遊學」，帶有很大的名利性，與遊宦緊密相連，表現為讀書遊說。孔子周遊列國，開創了遊學、遊宦的風氣。戰國時期的策士蘇秦、張儀等人周遊各國，向統治者陳述自己的主張，以謀求高官厚祿。《史記·張儀列傳》載，魏國人張儀遊說諸侯到了楚國，被人打得遍體鱗傷，其妻說：「子毋讀書遊說，安得此辱乎？」張儀說：「視吾舌尚在不？」其妻笑曰：「舌在也。」張儀曰：「足矣！」由此可知策士們對遊學、遊宦的自信和熱衷。

兩漢時期，「徵天下舉方正賢良文學材力之士，待以不次之位」[094]，使文人學子的遊學之風一度高漲。成都人揚雄40餘歲時客遊長安，漢成帝時被薦入朝，陪伴皇帝出遊甘泉宮，作〈甘泉賦〉。不久，揚雄又隨成帝到河東汾陰祭祀后土。儀式結束後，隨天子遊覽汾陰東北的介山，到龍門（今山西河津）觀黃河奔騰之勢。抵鹽池（今山西運城南），覽

---

[094] 《漢書·東方朔傳》，北京：中華書局，1962 年版。

萬頃雪色。登西嶽，「以望八荒」。張衡年少好學，曾遊學三輔，歷覽太華山、終南山等名勝，考察了關中歷史、物產及民俗狀況，為日後寫〈二京賦〉蒐集了豐富的原始資料。後來他到京師洛陽「觀太學」，博覽群書，最終「通《五經》，貫六藝」。北海高密（今山東高密）人鄭玄，曾遊學各地，同時考察沿途山水，「每經歷山川」皆終身不忘。西漢魯地學者申公「終身不出門」、「弟子自遠方至受業者千餘人」[095]。東漢姜肱博通《五經》，「士之遠來就學者三千餘人」[096]。漢陽（今甘肅天水）書生趙一宦遊洛陽，交結官僚，「名動京師，士大夫想望其風采」、「州郡爭致禮命」[097]。

　　唐朝時實行科舉制，「以詩取士」[098]，文人墨客為了獲取作詩的靈感，經常縱情於山水之間，矢志不渝地讀書、行路、漫遊天下，使負笈遊學之風大盛。荊州江陵人岑參 20 歲獻書長安，求仕不遇，奔走京洛，漫遊河朔。孟郊早年在嵩山遊學，學成後遊歷長安，參加科舉，卻屢試不第，直到 50 歲時，才考中進士。他無限歡欣，賦詩曰：「昔日齷齪不足誇，今朝放蕩思無涯。春風得意馬蹄疾，一日看盡長安花。」

---

[095]　《漢書·儒林傳·申公傳》，北京：中華書局，1962 年版。
[096]　《後漢書·姜肱傳》，北京：中華書局，1965 年版。
[097]　《後漢書·文苑傳下·趙一傳》，北京：中華書局，1965 年版。
[098]　嚴羽著，郭紹虞校釋：《滄浪詩話校釋詩評》，北京：人民文學出版社，1998 年版，第 147 頁。

清初著名學者劉獻廷在《廣陽雜記》中，這樣概括旅遊與求學的關係：「昔人五嶽之遊，所以開闊其胸襟眼界，以增其識力，實與讀書、學道、交友、歷事相為表裡。」同時代的張潮在《幽夢影》中說：「山水亦書也，棋酒亦書也，花月亦書也；善遊山水者，無之而非山水。書史亦山水也，詩酒亦山水也，花月亦山水也。」他還多次表達了「讀萬卷書，行萬里路」的志向：「昔人欲以十年讀書、十年遊山、十年檢藏。予謂檢藏盡可不必十年，只二三載足矣。若讀書與遊山，雖或相倍蓰，恐亦不足以償所願也。」

由此可知，古代讀書與旅遊有著密不可分的關係。

明代錢穀繪〈雪山行旅圖〉
圖中描繪的是大雪天氣，一名旅人正要騎驢過溪

（二）宦遊

宦遊指在外求官或做官。《漢書‧司馬相如傳上》載：「長卿久宦遊，不遂而困。」唐杜審言〈和晉陵陸丞早春遊望〉曰：「獨有宦遊人，偏驚物候新。」在外求官與上述遊學同義，也稱遊宦。《史記‧張丞相列傳》載：「復自遊宦而起，至丞相。」西晉陸機〈為顧彥先贈婦二首〉云：「遊宦久不歸。」在此講的宦遊，是指官吏新任、升遷、貶謫途中的旅行活動和在任期間的外出遊觀。

古代由於交通不便，新任、升遷、貶謫的官員要到達目的地一般需要較長的時間。在旅途中，文人騷客不失閒情雅意，往往登山臨水、尋訪古蹟、結交文友，從而形成了獨具特色的文官宦遊。

唐宋時期，宦遊活動逐漸高漲。如唐初陳子昂隨建安王武攸宜遠征契丹時，「因登薊北樓，感昔樂生、燕昭之事，賦詩數首，乃泫然流涕而歌曰：『前不見古人，後不見來者，念天地之悠悠，獨愴然而涕下。』」白居易出任地方官時專門選擇名山勝水之地，如杭州、蘇州等。據說白居易一到蘇州，即為其美景所陶醉，經常深夜泛舟太湖，留宿洞庭山下。孟郊在任溧水縣尉時，縣境內有投金瀨、平陵城等名勝，孟郊常到那裡遊覽，以至誤了公事，縣令便分其半俸，以假尉代理，任其出遊。「永貞革新」失敗後，柳宗元被貶

為永州司馬，從此便開始了悠遊山水的生活，寫下了膾炙
人口的〈遊黃溪記〉、〈永州八記〉等近 400 篇作品，造就
了他文學上的輝煌。宋代蘇軾仕途經歷極不平常，曾在密
州、徐州、湖州、杭州、定州、惠州、廉州、永州等 16 個
州縣任地方官，可謂半生都在宦遊中。他的〈遊金山寺〉詩
云：「我家江水初發源，官遊直送江入海」。乾道六年（西
元 1170 年），陸游從故鄉山陰（今紹興）赴任夔州（今四
川奉節）。他一路探訪名勝古蹟，遊覽了金山、焦山、甘露
寺、九華山、黃岡赤壁，憑弔了李白、白居易、杜甫等人的
遺跡，「道路半年行不到，江山萬里看無窮」。陸游沿途記載
所歷名勝山水，寫成了六卷本的《入蜀記》，開創了中國以
日記形式描繪山河景觀的先河。

（三）漫遊

漫遊指沒有具體的目標，信馬游韁、無拘無束的旅遊。
大詩人李白，「一生好入名山遊」，遊洞庭，上廬山，登金
陵，至泰山，歷江蘇、浙江等，占用了他一生大部分時間。
漫遊使李白開闊了眼界，激發了靈感，寫出了〈望廬山瀑
布〉、〈黃鶴樓送孟浩然之廣陵〉等膾炙人口的瑰麗詩篇。被
譽為「詩聖」的杜甫，曾前後三次漫遊吳越、齊趙、梁宋等
地，寫出了「會當凌絕頂，一覽眾山小」等許多傳頌千古的
佳句。

（四）科學考察遊

科學考察遊主要是指一些科學家、地理學家或矢志求學之士為了考證先賢遺著的正誤或探索客觀世界的奧祕，而進行的實地遊覽或考察的旅行活動。在古代，司馬遷、酈道元、徐霞客、顧炎武是這類旅行的傑出代表。

漢代著名史學家司馬遷「二十而南遊江淮，上會稽，探禹穴，窺九疑，浮沅湘。北涉汶泗，講業齊魯之都，觀夫子之遺風，鄉射鄒嶧。阨困蕃、薛、彭城，過梁楚以歸。於是遷仕為郎中，奉使西征巴蜀以南，南略邛、筰、昆明，還報命」、「適長沙，觀屈原所自沉淵」、「適北邊，自直道歸，行觀蒙恬所為秦築長城亭障」、「適豐沛，問其遺老，觀故蕭、曹、樊噲、滕公之家」[099]。後來又隨漢武帝巡遊，東行海上，北至碣石，巡遼西，歷北邊，至九原。正是由於「縱觀山川形勢，考察風光，訪問古蹟，採集傳說」，才寫成了被魯迅譽為「史家之絕唱，無韻之離騷」的《史記》。司馬遷的旅行活動，開創了知識分子「遍歷九州，覽其山川形勢，訪遺佚，交其豪傑，博採軼事，以益廣其見聞，而質證其所學」[100]的優良傳統，是中國古代學術考察旅行的典範和榜樣。

---

[099] 《史記·太史公自序》及〈屈原賈生列傳〉、〈蒙恬列傳〉、〈樊酈滕灌列傳〉，北京：中華書局，1962 年版。
[100] （清）王源：《居業堂文集》卷十八〈劉處士墓表〉，北京：中華書局，1985 年版，第 286 頁。

　　北魏地理學家酈道元自幼熱愛山水，遊歷了不少名山大川。入仕後，他多次隨北魏孝文帝巡遊，足跡遍布河北、河南、山東、山西、江蘇、安徽、內蒙古等地。他每到一處，都會對當地的山川景物、水文地理做詳細的考察，從而發現以前的地理著作或錯誤不實，或過於簡略，下決心以自己的實地考察為依據，以漢代桑欽所著的專門記述全國水道的地理書《水經》為綱，為其作注。酈道元的《水經注》記載大小河流共 1252 條，對河流的發源、支流、各流域的歷史遺跡、風土人情、經濟生活等都有詳盡的記述。註文約是原書的 20 倍，改變了中國古代地理著作「簡而不周」、「周而不備」的舊貌，堪稱一部古代的旅遊指南書。

　　明代傑出旅行家徐霞客，可謂中國古代科學考察旅遊的集大成者。徐霞客一生鄙棄功名，不入仕途，說：「大丈夫當朝碧海而暮蒼梧，乃以一隅自限耶？」他從 22 歲開始「周覽名山大川」，東渡普陀，北歷燕冀，南涉閩粵，西北直攀太華之巔，西南遠達雲貴高原的騰衝，歷時 30 多年，足跡踏遍今天的江蘇、浙江、山東、安徽、河北、河南、山西、陝西、廣東、廣西、雲南、貴州、湖北、湖南、福建、江西 16 個省區和北京、天津、上海等地。他克服種種艱難險阻，歷經千山萬水，考察地形地貌，尋訪物產民俗，「遇名勝，

必披奇抉奧；一山川，必尋源探脈」[101]，窮盡畢生精力寫成
了日記體體裁的《徐霞客遊記》。該書內容涉及山川名勝、
地質水系、城鎮聚落、地名交通、民情風俗、氣候變化、動
植物類別等各方面，特別是對雲貴一帶石灰岩溶蝕地貌的研
究，取得了重大成果，是地理地質史中極為珍貴的資料，在
世界旅遊地理史上占有重要的地位。

明清之際的著名學者顧炎武一生「足跡半天下」。在抗清
失敗後，他長期漂流於北方，往來秦、晉、冀、豫、齊、魯之
間，從事學術考察活動。每次出遊時，顧炎武必定僱上兩匹馬
和兩匹騾，用以馱書。到要塞時，總要向老兵請教要塞的歷史
變遷。遇到與平日聽聞不符的情況，就翻書對勘，予以改正。
他每到一處，總要「考其山川風俗，疾苦利病」，然後記錄有
關的事實，「皆作蠅頭行楷，萬字如一」，最後寫成了《天下
郡國利病書》、《肇域志》、《昌平山水記》等著作。

三、商旅之遊

商旅，顧名思義，即商賈之旅。《白虎通義・商賈》對商
賈做了以下定義：「商之為言，商其遠近、度其有亡、通四
方之物，故謂之商也。賈之為言固，固有其用物以待民來，

---

[101] （明）史夏隆：《徐霞客遊記・序》，載（明）徐宏祖《徐霞客遊記》卷十
下，上海：上海古籍出版社，1980 年版，第 1266 頁。

以求其利者也。行曰商，止曰賈。」實際上，除了「千里遊
敖」、「日款於塞下」的行商外，「坐列販賣，操其齊贏」之
賈，也「日遊都市」。所以，商人因其流動性的特點，是出
行頻率極高的群體。

中國歷史上的商旅活動出現較早，史書記載的「肇牽車
牛，遠服賈用」[102] 就屬於殷末周初商人的行旅活動。春秋
戰國時，商人的旅行活動更加活躍，出現了臨淄、邯鄲、郢
都、洛陽等大型商業中心與都會。《史記·貨殖列傳》載，孔
子弟子子貢，「結駟連騎，束帛之幣以聘享諸侯，所至，國
君無不分庭與之抗禮」。南陽孔氏「連車騎，遊諸侯，因通
商賈之利」。周師史「轉轂以百數，賈郡國，無所不至」。

秦統一以後，採納了李斯「強本弱末」的建議，商旅活
動受到一定的打擊。漢初實行與民休息政策，「開關梁，弛山
澤之禁，是以富商大賈周流天下，交易之物莫不通，得其所
欲」[103]，商業旅行得到空前發展。漢文帝時，商人「千里遊
敖，冠蓋相望，乘堅策肥，履絲曳縞」[104]，為世人所側目。

漢代「絲綢之路」開通後，往返於這條道路上的商旅
活動一直經久不衰。商賈跋山涉水，披星戴月，湧向漢朝邊
塞，呈現出「馳命走驛，不絕於時月。商胡販客，日款於塞

---

[102]　〈尚書·酒誥〉，載《十三經註疏》，北京：中華書局，1980 年影印版。
[103]　《史記·貨殖列傳》，北京：中華書局，1959 年版。
[104]　《漢書·食貨志上》，北京：中華書局，1962 年版。

下」[105]的繁榮景象。據《後漢書‧烏桓傳》載，東漢順帝陽嘉四年（西元 135 年）冬，烏桓侵擾雲中，一次即遮截道上商賈牛車千餘輛。《水經注‧河水三》載：「皇魏桓帝十一年，西幸榆中，東行代地，洛陽大賈齎金貨隨帝後行。」商旅之行的興盛可見一斑。

明代後期，隨著商品經濟的高度發展，「人為銅錢，遊遍世間」[106]的觀念深入人心，商業旅行風行一時。如蘇州府洞庭籍的行商「商遊江南北，以迄齊、魯、燕、豫，隨處設肆，博錙銖於四方」[107]，「靡遠不到，有數年不歸者」。商人席銘「歷吳越，遊楚魏，泛江湖」。明代的徽商素有儒商之稱，經商之餘頗好遊歷，「凡名山勝蹟無不遊覽」[108]。

商賈們走南闖北、東西逐利，親歷各地，耳聞目睹，大大促進了旅遊知識和民風民俗的傳播。

四、宗教之遊

宗教之遊主要有道教徒的仙遊和佛教徒的釋遊兩種。

仙遊是道教徒或慕道者為了追求成仙而輾轉於仙境聖地

---

[105]　《後漢書‧西域傳‧車師傳》，北京：中華書局，1965 年版。
[106]　朱載堉：〈山坡羊‧錢是好漢〉，載康金生編著：《元明清曲》，成都：天地出版社，1997 年，第 206 頁。
[107]　顧炎武：〈天下郡國利病書‧蘇州備錄下‧東洞庭〉，載《顧炎武全集》卷十二，上海：上海古籍出版社，2011 年版，第 538 頁。
[108]　許宗元：〈徽商與旅遊〉，載《安徽大學學報》，1997 年第 3 期。

的一種旅行活動。道教養生服氣需要到人跡罕至的深山幽谷中吸風飲露、採藥煉丹；而要得到仙人的點化，也需到草木豐潤、環境幽深的洞天福地中訪神求仙。可以說，「為道者必入山林」[109]。如東晉葛洪為了蒐集方術，採煉丹藥，廣遊大江南北的奇山異水；陸修靜遍訪巴蜀山水、蠻荊甌越，直至晚年隱居廬山金雞峰太虛觀，仍遊興不減，跟名僧釋慧遠、詩人陶淵明交遊往來，同遊同樂；陶弘景「每經澗谷，必坐臥其間，吟詠盤桓，不能已已」[110]，他曾對弟子說：「吾見朱門廣廈，雖識其華樂，而無慾往之心。望高巖，瞰大澤，知此難立止，自恆欲就之」[111]，表現出對情寄山水的痴迷。全真道的丘處機曾行程萬里，會成吉思汗於雪山，其弟子李志常撰有《長春真人西遊記》，雖不是仙遊，卻是道教雲遊的傑出代表。

釋遊即佛遊，是指佛教徒居靜修行、傳經、取經或名士追隨佛學、朝拜佛陀而開展的旅行活動。釋遊分為三類，一是那些到處化緣、求布施的行腳僧、遊方和尚。杜牧〈大夢上人自廬峰迴〉稱：「行腳尋常到寺稀，一枝藜杖一禪衣。」二是在自然山水中尋覓幽靜之處，居靜修行、清談佛經的旅行，東晉名僧支道林、釋道安、慧遠都是這類釋遊的楷模。

[109]　〈抱樸子‧內篇‧明本〉，載《諸子整合》，上海：上海書店，1986年影印版。
[110]　《梁書‧處士‧陶弘景傳》，北京：中華書局，1973年版。
[111]　《南史‧隱逸‧陶弘景傳》，北京：中華書局，1975年版。

三是為傳經、取經而開展的中外旅行，其中最為著名的代表人物是法顯、玄奘、鑑真等。

法顯是東晉偉大的旅行家。隆安三年（西元 399 年），已 62 歲高齡的法顯一行 11 人從長安出發，經敦煌，西出陽關，經鄯善、烏夷，橫穿中國最大的塔克拉瑪干大沙漠，又歷經千辛萬苦翻越蔥嶺，來到了天竺（印度）。義熙五年（西元 409 年），法顯乘船縱渡孟加拉灣，來到獅子國（今斯里蘭卡）。兩年後，經印尼爪哇島北上，於義熙八年（西元 412 年）從山東青島嶗山登陸返回建康（今南京）。法顯的旅行歷時 14 年，現代人所有的旅遊都不可能用這麼漫長的歲月。法顯根據自己的所見所聞，寫成了著名的《佛國記》，既是記述中亞、印度地理風俗和海上交通的第一部著作，也是中國古代寶貴的旅遊地理著作。

玄奘，俗名陳褘，於唐太宗貞觀三年（西元 629 年）從長安出發，經秦州、蘭州、涼州、瓜州出玉門關，抵達伊吾、高昌。又經阿耆尼（今新疆焉耆）、屈支（今新疆庫車），過凌山，歷盡艱難險阻到達東葉。後跨過帕米爾高原，經赭時（今烏茲別克共和國塔什干）、鐵門關，到達天竺。玄奘在印度 15 年，遍歷北天竺、中天竺、東天竺、南天竺與西天竺，是第一位周遊印度全境的中國旅行家。貞觀十七年（西元 643 年），玄奘滿載佛經、佛像和名花珍木的種子

啟程，經阿富汗、帕米爾，
沿噴赤河北上，過疏勒、于
闐、敦煌、瓜州等地，於貞
觀十九年（西元 645 年）回
到都城長安。回國後，完成
了聞名中外的《大唐西域
記》。書中記錄了當時 100
多個國家的山川河流、城邑
關防、風土習俗等，是研究
中國西北地區、印度、尼泊
爾、巴基斯坦、孟加拉國、
中亞等地古代歷史、地理、
文化的重要文獻。

日本春日基光繪〈玄奘三藏像〉

　　唐代另一位傑出宗教旅行家是鑑真。為弘揚佛法，鑑真以
55 歲高齡，應邀到日本傳授戒律。從天寶元年（西元 742 年）
到天寶十二年（西元 753 年），以百折不撓的毅力，經六次東
渡終於到達日本九州，完成了一次艱苦卓絕的海上旅行。

五、民俗節日遊

　　古代面朝黃土背朝天的農民，日出而作，日暮而息，遊
山玩水對他們來說是那麼的陌生和不可企及。西漢晁錯描述

農民的生活說：「春耕夏耘，秋獲冬藏，伐薪樵，治官府，給徭役。春不得避風塵，夏不得避暑熱，秋不得避陰雨，冬不得避寒凍，四時之間亡日休息。」[112] 他們根本沒有閒情逸致從事較長時間的、遠距離旅遊，而三月上巳修禊、清明踏青、九月初九重陽登高等就地近遊卻蔚然成風。

隋唐以前的春遊是與三月上巳節祓禊（ㄈㄨˊ ㄒㄧˋ）聯繫在一起的，它為古代的男女到郊外春遊提供了大好時機。

《詩經·鄭風·溱洧（ㄓㄣ ㄨㄟˇ）》描繪了三月上巳，鄭國青年男女相約出遊，借春遊機會談情說愛，洗濯嬉戲的情景：「溱與洧，方渙渙（水勢盛大）兮。士與女，方秉蘭兮。女曰：『觀乎（去看看吧）！』士曰：『既且（已經看過了）。』『且往觀乎（再去看看吧）！』洧之外，洵訏且樂。維士與女，伊其相謔（互相嬉戲），贈之以勺藥。」

《論語·先進》中曾點（皙）的「莫春者，春服既成，冠者五六人，童子六七人，浴乎沂，風乎舞雩，詠而歸」，即是一次春遊活動的真實記錄，歷來被認為是中國古代最早描寫春遊的篇章。

西漢以降，郊外踏青遊樂的成分日趨增加。東漢杜篤在〈京師上巳篇〉中說：「窈窕淑女美勝豔，妃戴翡翠珥明

---

[112] 《漢書·食貨志上》，北京：中華書局，1962 年版。

珠。」張衡的〈南都賦〉也描述了三月上巳這一天，男女姣服，車馬雜沓，紛紛到郊外踏青春遊。遊人們歌落舞起，彈箏吹笙，賽馬的、叉魚的、射雁的各逞所好，優哉遊哉，好不熱鬧。直到日暮，人們才戀戀不捨地駕車而歸，「夕暮言歸，其樂難忘，此乃遊觀之好」。《後漢書‧禮儀志》注稱：「大將軍梁商，亦歌泣於洛禊也。」

魏晉時期，上巳節被禊春遊更加盛行。《荊楚歲時記》[113]載：「三月三日，四（士）人並出江渚池沼間，為流杯曲水宴。」東晉文人學士每逢三月三還要借踏青春遊之機，在一起飲酒賦詩。王羲之的〈蘭亭集序〉就是三月三留下的千古絕筆。

到唐朝，清明節最後定型，也徹底擺脫被禊禳災的陰影，人們紛紛相攜至郊外，沐浴這風和日麗的大好春光。杜甫〈麗人行〉稱：「三月三日天氣新，長安水邊多麗人。」杜牧在〈清明〉中言：「清明時節雨紛紛，路上行人欲斷魂。借問酒家何處有，牧童遙指杏花村。」

宋代清明踏青的風氣比前代更濃。北宋畫家張擇端的〈清明上河圖〉就再現了當時民間開封城外以汴河為中心的清明節遊娛盛況。由於各地氣候不同，踏青郊遊的時間

---

[113] 《太平御覽》卷三〇〈時序部一五‧三月三日〉引，北京：中華書局，1960年影印版。

也不盡一致。宋代蘇轍〈踏青〉詩:「江上冰銷岸青青,
三三五五踏青行。」據詩序講,是正月八日,這是蜀地的
氣候。

　　沈榜在《宛署雜記》中載,明朝都城北京「小民男婦盛
服攜盒酒祭其先墓,祭畢野坐,醉飽而歸。每年是日,各門
男女擁集,車馬喧闐」。詩人王思任在〈揚州清明曲〉一詩
中,對揚州清明節的祭祖飲宴郊遊活動有詳盡的描述,其中
幾句寫道:

> 寒食遊春共借名,揚州分外作清明。
> 西門筍轎千錢貴,要促爺孃早出城。
> ……
> 　　　　　其六
> 綠女紅兒踏踏肩,遊人目語各心然。
> 莫只平山看跌博,且來法海放風鳶。
> 　　　　　其七
> 梅花煙嶺接邗溝,日暮隋岡已暢遊。
> 漫把甜紅俱罄倒,還留餘興上迷樓。

　　明朝文學家袁宏道〈高梁橋遊記〉載,明清時北京高梁
橋(今北京西直門外)一帶「兩水夾堤,垂楊十餘里,流急
而清,魚之沉水底者,鱗鬣皆見……朝夕設色以誤遊人。當

春盛時，城中士女雲集，縉紳士大夫非甚不暇，未有不一至其地者也」，是當時人們踏青的勝地。

九月九日重陽節，天高氣爽，秋風徐來，春秋齊景公時已經有了登高遊玩的習俗。兩漢時，重陽正式形成節日，也形成了九月九日登高避邪的風俗。唐以後，重陽登高逐漸成為一項普遍性的民眾娛樂活動。南宋孟元老《東京夢華錄》卷八〈重陽〉載，每逢重陽節這一天，「都人多出郊外登高，如倉王廟、四里橋、愁臺、梁王城、硯臺、毛駝岡、獨樂岡等處宴聚」。南宋韓元吉在〈水調歌頭‧九日〉中描寫了重陽賞菊及登高觀景的情形：「今日我重九，莫負菊花開。試尋高處，攜手攝展上崔嵬。放目蒼崖萬仞，雲護曉霜成陣，知我與君來。古寺倚修竹，飛檻絕塵埃。」《燕京歲時記》曾指出，重陽登高是件令人快慰的事兒：「京師謂重陽為九月九。每屆九月九日，則都人士提壺攜榼，出郭登高……賦詩飲酒，烤肉分糕，洵一時之快事也。」

● 第三節
出行禮俗

　　行旅，在現代人看來，是一件極為普通平常的事情。但在古代，卻絕非輕而易舉之事，今日能夠朝發夕歸的路程在古時往往要經年累月。從上述住居風俗中中國人故土難離的戀土意識可知，人們對背井離鄉的畏懼和傷感。在古代交通和科學不發達的情況下，出門意味著艱難重重，甚至生死離別。因此，先民們視旅遊為畏途，出行前要占卜吉凶，祖道飲餞，贈言賦詩，接風洗塵，久而久之，便形成了一些出行的程式和禁忌，從而形成了中國人獨具特色的出行禮俗。

一、「逢吉方行，遇凶則止」的卜行、擇吉

　　古代人外出旅行是件前途未卜、比較危險的事情，「道路張弓拔刃，然後敢行」[114]。由於認為在旅行路上到處都有

---

[114]　《漢書·嚴延年傳》，北京：中華書局，1962 年版。

妖魔鬼怪威脅自己，因此，無論帝王出遊、遷徙移民、軍隊出征，還是平民百姓出行，都極為謹慎、小心，出行之前必會占卜，以預測出行的吉凶。

《史記·秦始皇本紀》載，秦始皇三十六年（西元前211年），「始皇卜之，卦得遊徙吉。遷北河榆中三萬家。拜爵一級」。《史記·孝文字紀》載，漢文帝以代王入據漢天子時，「卜之龜，卦兆得大橫。占曰：『大橫庚庚，余為天王，夏啟以光。』」

1975 年 12 月，考古工作者在雲夢睡虎地 11 號墓中發掘了大量秦代竹簡，其中的《日書》便是確定時日吉凶以趨吉避凶的術數書，這也是中國現存最早、最完整的一部術數書。《日書》總計 423 支簡，內容為「行規宜忌」者多達 151 支，甲種〈行〉、〈歸行〉、〈到室〉，乙種〈行日〉、〈行者〉、〈行忌〉、〈行祠〉等篇中，專門記載了出行種類和禁忌。如「正月丑，二月戌，三月未，四月辰，五月丑，六月戌，七月未，八月辰，九月辰，十月戌丑，十一月未，十二月辰，凡此日不可以行，不吉」；「入正月七日」等各月的某一日「凡此日以歸，死；行，亡」；又有「丁卯不可以船行」、「六壬不可以船行」、「六庚不可以行」等等。

除了出行禁忌外，還有出行的良日。若逢吉日出行或歸家，可逢一至九「喜」、「乙酉從遠行入，有三喜。禹須臾。戊己丙丁庚辛旦行，有二喜。甲乙壬癸丙丁日中行，有五喜。庚

辛戌己壬癸餔時行，有七喜。壬癸庚辛甲乙夕行，有九喜」。

另外，《日書》甲種中又有關於出行方向諸宜忌的內容。如「午，北吉，東得，南凶，西不反（返）。未，東吉，北得，西凶，南毋行。申，西南吉，北凶。酉，西南吉，東凶。戌，東南、西吉，南凶。毋以亥行」、「凡春三月己丑不可東，夏三月戊辰不可南，秋三月己未不可西，冬三月戊戌不可北。百中大凶，二百里外必死。歲忌」、「毋以辛壬東南行，日之門也。毋以癸甲西南行，月之門也。毋以乙丙西北行，星之門也。毋以丁庚東北行，辰之門也」。《日書》中「所列行忌凡 14 種，若簡單合計，『不可以行』之日數總和竟然超過 355 日」。排除可能重複的行忌，全年行忌日已多達 165 日，占全年日數的 45.2%以上」[115]。可見秦時出行禁忌的繁密苛嚴，人們的出行活動受到嚴格限制。

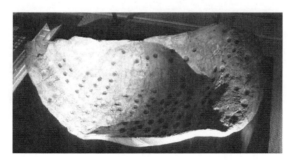

龜甲占卜
商代，成都金沙博物館藏

---

[115]　王子今：《秦漢交通史稿》，北京：中共中央黨校出版社，1994 年版，第 552 頁。

　　漢代人依然遵從卜筮的方式來確定吉凶，有的甚至因此而喪命。如曾任丹陽太守的張竦「知有賊當去，會反支日，不去，因為賊所殺」[116]。他明明知道有賊會去，卻因為恰逢「反支日」而執意不走，最後落了個身首異處。哲學家桓譚對此以「通人之蔽」而惋嘆。《後漢書·郭躬傳附弟子鎮傳》載，桓帝時汝南陳伯敬「行路聞凶，便解駕留止，還觸歸忌，則寄宿鄉亭」。《顏氏家訓·雜藝》批評說：「去聖既遠，世傳術書，皆出流俗，言辭鄙淺，驗少妄多。至如反支不行，竟以遇害；歸忌寄宿，不免凶終。拘而多忌，亦無益也。」

　　唐宋時期，卜行、擇吉風俗已比較成熟。如唐詩人杜牧曰：「終日求人卜，回回道好音。」敦煌出土的宋雍熙三年（西元 986 年）具注歷，就標註了旅行應注意的日期及方位，如十二月曆日說：「正月小建庚寅，自去舊年十二月十八日立春，已得正月之節，即天道南行宜向南行，宜修南方天德。」《馬可波羅行紀》載，南宋都城臨安「如有一人欲旅行時，則往詢星者，告以生辰，卜其是否利於出行，星者偶若答以不宜，則罷其行，待至適宜之日。人信星者之說甚篤，緣星者精於其術，常作實言也」。

　　至清代時，民間擇吉風俗達到鼎盛。當時的擇吉書比比

---

[116]　《漢書·游俠·陳遵傳》，北京：中華書局，1962 年版。

皆是，如李光地的《星曆考原》、姚承輿的《擇吉會要》、張祖同的《諏吉述正》、允祿的《協紀辨方書》等。

時至今日，民間出行仍有許多禁忌。如有俗語云：「老不上北，少不上南」、「老不入川，少不遊廣」、「老勿走新疆，少勿走蘇杭」。山東一帶，俗忌正月初五出行。因為初五為「破五」，害怕不吉利。又有忌黑道日出行的，每月的初五、十五、二十五都不能遠行。河北有「要回家，二五八，要往外走三六九」[117]的俗語。蕭縣一帶有「三六九，向東走，二四七，向正西」的說法。在民間最流行的出行日禁忌俗語是「七不出門，八不回家」或「七不往，八不歸」。意思是凡初七、十七、二十七忌出行；凡初八、十八、二十八忌歸家。據說「七出」令人聯想到休妻的「七出」、「妻出」；「八歸」令人聯想到「王八龜」，因而避忌之。

二、祖道

「祖道」也簡稱「祖」，是指古人出行時祭祀行神，以祈求保佑和旅行一路順風。行神也稱道神、路神，它的來源有三種說法：共工之子、黃帝之子及黃帝之妻。

---

[117]　丁世良、趙放主編：《中國地方志民俗資料彙編》華北卷引中華民國十八年《新河縣志》，北京：書目文獻出版社，1995年版，第508頁。

東漢應劭《風俗通・祀典・祖》曰：「謹按《禮傳》：『共工之子曰脩，好遠遊，舟車所至，足跡所達，靡不窮覽，故祀以為祖神。』祖者，徂也。」認為行神是共工之子脩。

崔寔〈四民月令〉曰：「祖者，道神。黃帝之子曰累祖，好遠遊，死道路，故祀以為道神。」《漢書・臨江閔王劉榮傳》載：「祖於江陵北門。」顏師古注曰：「祖者，送行之祭，因饗飲也。昔黃帝之子累祖好遠遊而死於道，故後人以為行神也。」認為行神是黃帝之子累祖。

唐王瓘〈軒轅本紀〉曰：「帝周遊行時，元妃嫘祖死於道，帝祭之以為祖神。」宋丁度《集韻・平脂》載：「黃帝娶西陵氏女，是為嫘祖。嫘祖好遠遊，死於道，後人祀以為行神。」認為行神是黃帝之妻嫘祖。

三種說法莫衷一是，這正反映了中國信仰的多元性特徵，門神、財神、藥王，都有好幾個人選。

祖道的具體儀式，分軷（ㄅㄚˊ）祭和餞行兩步。《儀禮・聘禮》載：「出祖，釋軷，祭酒脯，乃飲酒於其側。」鄭玄注曰：「《詩傳》曰：『軷，道祭也。』謂祭道路之神。《春秋傳》曰：『軷涉山川。』然則軷山，行之名也，道路以險阻為難，是以委土為山，或伏牲其上，使者為軷，祭酒脯祈告也。卿大夫處者，於是餞之，飲酒於其側。禮畢，乘車轢之而遂行，舍於近郊矣。其牲，犬、羊可也。」祭祀路神

時，要用土培一土山，放上一隻牲畜，獻酒和肉脯以祈禱。然後，大家在旁邊飲酒餞行。禮畢，乘車從牲畜身上碾過。軷祭的牲畜，用犬、用羊都可以。《詩·大雅·生民》載：「取羝（ㄉㄧ）以軷。」就是用公羊軷祭。

在中國古代社會前半期，祖道之風十分盛行。

《詩經·大雅·烝民》曰：「仲山甫出祖。」

《左傳·昭公七年》載：「襄公將適楚，夢周公祖而遣之。」

《吳越春秋》卷七載：「越王勾踐五年五月，與大夫種、范蠡入臣於吳，群臣皆送至浙江之上。臨水祖道，軍陣固陵。」

《史記·刺客列傳》載，荊軻去刺殺秦王之前，與燕太子丹、高漸離等「至易水之上，既祖，取道，高漸離擊筑，荊軻和而歌」，發出了「風蕭蕭兮易水寒，壯士一去兮不復返」的慷慨悲歌。

《漢書·臨江閔王劉榮傳》載，臨江王劉榮因罪被漢景帝徵召，「祖於江陵北門，既上車，軸折車廢」，江陵父老因而私下流涕竊言：「吾王不反（返）矣！」後來，劉榮果然畏罪自殺。《漢書·劉屈氂傳》載，貳師將軍李廣利將出兵擊匈奴，丞相劉屈氂「為祖道，送至渭橋」。東漢蔡邕曾寫了一篇祖道時的祝詞〈祖餞祝〉：

令歲淑月，日吉時良。爽應孔嘉，君當遷行。

神龜吉兆，林氣煌煌。著卦利貞，天見三光。

鸞鳴雍雍，四牡彭彭。君既升輿，道路開張。

風伯雨師，灑道中央。陽遂求福，蚩尤闢兵。

倉龍夾轂，白虎扶行。朱雀道引，玄武作侶。

勾陳居中，厭伏四方。往臨邦國，長樂無疆。

另外，在甘肅居延出土的漢簡中也有關於祖道的記載：「候史褒予萬歲候長祖道錢，出錢十。付第十七候長祖道錢，出錢十。付第廿三候長祖道錢，出錢十。」

西晉嵇含〈祖道賦序〉云：「祖之在於俗尚矣，自天子至於庶人，莫不咸用。」西晉孫楚的〈祖道詩〉、陸機的〈祖道潘正〉、張華的〈祖道徵西應詔詩〉、何敬祖的〈洛水祖王應詔詩〉等，都是當時祖道風俗的反映。從這些詩的內容可看出，祭祀行神的本意已逐漸淡漠，轉而注重對人的惜別之情，反映了它正在向餞行演變的趨勢。

三、餞飲送別

餞飲是指在祭祀完路神後，親友們為旅行者設宴餞行，以表示惜別與祝福的一種道別儀式，它通常與祖道風俗相伴而行，稱為「祖餞」。

《詩經‧大雅‧韓奕》曰:「韓侯出祖,出宿於屠。顯父餞之,清酒百壺。」東漢鄭玄注曰:「祖於國外畢,乃出宿,示行不留是也。」

《詩經‧邶風‧簡兮》曰:「出宿於泲（ㄐㄧˇ）,飲餞於禰。」鄭玄箋曰:「祖而舍軷,飲酒於其側曰餞。」

《漢書‧劉屈氂傳》曰:「丞相為祖道,送至渭橋。」顏師古注曰:「祖者,送行之祭,因設宴飲焉。」

可見旅行者在臨行前,要先「祖道」,軷祭路神,然後設酒宴餞行。祖餞畢,就在近郊住宿,表示已經上路。因此,古人餞行時,往往在野外路旁設帷帳,稱作「祖帳」。唐詩人王維〈齊州送祖三〉詩:「祖帳已傷離,荒城復愁入。」

兩漢時期,餞行的規模十分龐大。西漢太傅疏廣告老還鄉,「公卿大夫故人邑子設祖道,供張東都門外,送者車數百兩（輛）」[118]。東漢第五永由京兆尹升為都軍御使,將赴任時,「百官大會,祖餞於長樂觀」[119]。《世說新語‧文學》劉孝標注云:「袁紹闢（鄭）玄,及去,餞之城東,欲玄必醉,會者三百餘人,皆離席奉觴,自旦及莫（暮）,度玄飲三百餘杯,而溫克之容,終日無怠。」

---

[118] 《漢書‧疏廣傳》,北京:中華書局,1962 年版。
[119] 《後漢書‧文苑傳下‧高彪傳》,北京:中華書局,1965 年版。

可看出，這時的「祖餞」被強化，而「祖道」的儀式卻被淡化了。魏晉以後，祖餞和祖道逐漸分離。張華〈祖道徵西應詔詩〉曰：「庶寮群後，餞飲洛湄。感離嘆淒，慕德遲遲。」這「祖道」之詩中講的卻是「餞飲」的內容。

唐詩中，李白的〈金陵酒肆留別〉，王維的〈送元二使安西〉，白居易的〈琵琶行〉，都是描寫餞行的詩，反映的都是單純的餞行飲酒，不再和祖道的儀式結合在一起了。王維〈送元二使安西〉寫道：

> 渭城朝雨浥輕塵，客舍青青柳色新。
> 勸君更盡一杯酒，西出陽關無故人。

餞飲送別在宋代也頗為流行。如柳永在〈雨霖鈴〉中云：「寒蟬悽切，對長亭晚，驟雨初歇。都門帳飲無緒，留戀處，蘭舟催發。執手相看淚眼，竟無語凝噎。念去去，千里煙波，暮靄沉沉楚天闊。」描述了在郊外帳幕中餞飲的男女離別之情，成為傳頌古今的離別佳作。

中國的餞行酒，還有一種特殊的形態 —— 為死囚犯飲酒餞行。南朝宋孔覬臨刑求酒說：「此是平生所好。」[120] 酒後被誅，說明南朝宋尚無此俗，以後逐步相沿成習。

---

[120]　《宋書·孔覬傳》，北京：中華書局，1974 年版。

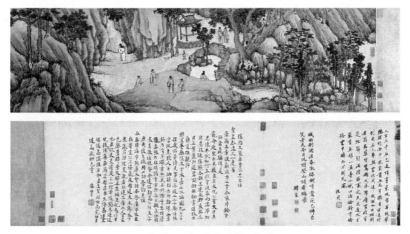

明代沈周繪〈虎丘餞別圖〉

四、折柳送別

《詩經・小雅・採薇》中「昔我往矣，楊柳依依」，已賦予楊柳「依依不捨」之意，到漢代形成了折柳送別的風俗。〈三輔黃圖・橋〉載：「灞橋在長安東，跨水作橋。漢人送客至此橋，折柳贈別。」灞橋位於今西安市東郊灞水之上。灞水原名滋水，相傳春秋時期秦穆公欲彰霸業，故改名霸水，後加水旁而寫成「灞」。灞橋處在長安東去的交通要衝，長安城裡的官員送別朋友必經此地。漢時灞橋之畔遍地楊柳，設有稽查亭，檢查來往行人。漢元帝曾在此為王昭君餞別，把她送上出塞之途。

　　送別之所以用柳枝，一則因為柳條細長柔軟，用它贈友送別，以表達柔情縈繞不捨之意；二則柳與「留」諧音，有「挽留」之意。三則因為古人視柳樹為可以驅鬼避邪的「鬼怖木」。北魏賈思勰《齊民要術》曰：「正月旦取柳枝著戶上，百鬼不入家。」古人認為帶著柳枝上路可使百鬼望而生畏，從而確保旅途的平安。

　　折柳贈別的風俗在漢代時還被民間音樂家譜成〈折楊柳〉的曲子，用以專門表達離別之情。〈古詩十九首〉中的「青青河畔草，鬱鬱園中柳」就以柳來表達女子「蕩子行不歸，空床難獨守」的苦寂，以柳來象徵千里相繫的思念離別之情。

　　漢代以後，折柳送別的習俗一直綿延不衰，到唐代時達到鼎盛。以折柳為題來表達思念之情的詩文連篇累牘，如孟郊的「楊柳多短枝，短枝多別離。贈遠累攀折，柔條安得垂」；韋承慶的「萬里邊城地，三春楊柳節……不忍擲年華，含情寄攀折」；李白的「無令長相思，折斷楊柳枝」；張九齡的「纖纖折楊柳，持此寄情人」；白居易的「人言柳葉似愁眉，更有愁腸似柳絲。柳絲挽斷腸牽斷，彼此應無續得期」等等。皆以柳枝寄託人們的惜別、相思之情。

　　唐代的灞橋楊柳依舊，尤其是陽春時節，柳枝吐絮，如冬日雪花飛舞，故有「灞橋風雪」之景，為長安八景之一。

據〈開元天寶遺事・銷魂橋〉載：「長安東灞陵有橋，來迎去送皆至此橋，為離別之地，故人呼之銷魂橋也。」日本著名詩人阿倍仲麻呂在唐代為官多年，與王維、李白等結下了深厚的友誼。天寶十二年（西元 753 年），阿倍仲麻呂回國時，李白便在灞橋為他送別，寫下了〈灞陵行送別〉：「送君灞陵亭，灞水流浩浩……正當今夕斷腸處，驪歌愁絕不忍聽。」

宋代時，折柳贈別的習俗仍流行。周邦彥〈蘭陵王・柳〉詩：「長亭路，年來歲去，應折柔條過千尺。」柳永〈少年遊〉言：「參差煙樹灞陵橋，風物盡前朝。衰楊古柳，幾經攀折，憔悴楚宮腰。」

明代以後，折柳贈別的習俗逐漸淡薄，但「灞橋折柳」的典故卻經常出現於文人的詩詞中，成為相思懷鄉的代名詞。

五、贈別

贈別指離別時以錢物和詩文相贈。上述折柳送別，其實也是贈別。

《詩經・鄭風・溱洧》曰：「贈之以勺藥。」《韓詩外傳》曰：「芍藥，離草也。」崔豹《古今注》[121] 云：「牛亭問

---

[121]　《太平御覽》卷九八九〈藥部六・當歸〉引，北京：中華書局，1960 年影印版。

曰：『將離相贈與芍藥，何也？』答曰：『芍藥一名何（合）離，故將別贈以芍藥。猶相招，則贈以蘼蕪，蘼蕪一名當歸也。』」芍藥別名離草、何草，含離別、合離之義，故離別贈以芍藥，召喚贈以當歸。

《漢書・蕭何傳》載，劉邦因徭役將赴咸陽，「吏皆送奉錢三，（蕭）何獨以五」。

《晉書・袁宏傳》載「（袁）宏自吏部郎出為東陽郡，乃祖道於冶亭。時賢畢集，（謝）安欲以卒迫試之，臨別執其手，顧左右取一扇而授之曰：『聊以贈行。』」

《資治通鑑・晉紀・海西公太和五年》載：「王猛之發長安也，請慕容令參其軍事，以為鄉導。將行，造慕容垂飲酒，從容謂垂曰：『今當遠別，卿何以贈我，使我睹物思人？』垂脫佩刀贈之。」

由此可知，贈別所用的物品，一般是芍藥、錢及隨身攜帶的扇、佩刀等。

贈言、賦詩的送別習俗在先秦時期即已流行，主要風靡於文人、士大夫之間。

《孔子家語・觀周》載，孔子去周，老子送之曰：「吾聞富貴者送人以財，仁者送之以言。吾雖不能富貴，而竊仁者之號，請送子以言乎！」

《晏子春秋・內篇雜上第五》載：「曾子將行，晏子送

之曰：『君子贈人以軒，不若以言，吾請以言乎？以軒乎？』
曾子曰：『請以言。』」

《左傳·昭公十六年》載：「夏四月，鄭六卿餞宣子於
郊。宣子曰：『二三君子請皆賦，起亦以知鄭志。』」東漢
第五永在赴幽州任職時，議郎蔡邕、郎中高彪等人為其賦詩
作箋。

另外，李陵的〈贈蘇武別詩〉、曹植的〈送應氏詩〉、謝
靈運的〈鄰里相送至方山詩〉、徐陵的〈別毛永嘉詩〉、李白
的〈贈汪倫〉等都是離別賦詩的佳作。

六、洗塵

「洗塵」，又稱接風，旅行者自遠方歸來，親朋好友為迎
接他們，往往設宴擺席，為其洗去一路風塵。

秦漢時「洗塵」一詞並未產生，但款待來客的習俗已經
形成。東漢正規化與張劭少遊太學，告歸鄉里時約定兩年後
赴張劭家探望尊親孺子。到了約定的日期，張劭讓母親準備
酒菜等待正規化，二人盡歡而別。東漢荀淑有八子，時人號
曰「八龍」。陳寔到荀淑家做客，荀淑「使叔慈應門，慈明
行酒，餘六龍下食」[122]。

《顏氏家訓·風操》稱：「別易會難，古人所重。」相逢

---

[122] 〈世說新語·德行〉，載《諸子整合》，上海：上海書店，1986 年影印版。

飲酒在人際交往中顯得異常重要。白居易〈對酒〉云：「相逢且莫推辭醉。」岑參〈涼州館中與諸判官夜集〉云：「一生大笑能幾回，斗酒相逢須醉倒。」王維〈少年行〉云：「相逢意氣為君飲，繫馬高樓垂柳邊。」這些詩雖無「洗塵」的字句，但都是相逢飲酒風俗的反映。

洗塵之俗起自五代。清翟灝《通俗編·儀節》載，五代「凡公私值遠人初至，或設飲，或饋物，謂之『洗塵』」。五代以後的文學作品中，接風、洗塵比比皆是。

蘇軾《和錢穆父送別並求頓遞酒（次韻）》詩云：「佇聞東府開賓閣，便乞西湖洗塞塵。」、「洗塞塵」即「洗塵」的意思。因為客人是從塞外而來，所以稱為「洗塞塵」。

宋人無名氏《大宋宣和遺事·亨集》曰：「這人是師師的一個哥哥，在西京洛陽住。多年不相見，來幾日，也不曾為洗塵，今日辦了幾杯淡酒，與洗泥則個。」

《水滸傳》第三十三回，宋江來到花榮駐地，花榮「便請宋江更換衣裳鞋襪，香湯沐浴，在後堂安排筵席洗塵」。第五十回載，宋江率眾攻打祝家莊大獲全勝，歸寨時，「寨裡領袖晁蓋等眾人擂鼓吹笛，下山來迎接，把了接風酒，都上到大寨裡聚義廳上扇圈也似坐下。」

吳敬梓《儒林外史》第十回云：「兩公子歡喜不已，當夜設席接風，留在書房歇息。」

《紅樓夢》第四回：「闔家具廝見過，又治席接風。」

洗塵又稱「軟腳」。唐敦煌變文〈捉季布傳文〉曰：「歸宅親故來軟腳，開筵列饌廣鋪陳。」北宋樂史的《楊太真外傳》載：「出有餞飲，還有軟腳。」清錢謙益的〈燕新樂小侯〉云：「軟腳筵開樂句和，濯龍吐鳳客駢羅。」

直到今天，接風洗塵的習俗仍然流行於中國人的日常生活中，並成為人際交往的重要禮儀。

● 第四節
徒行和行旅工具

　　因貧富等級、出行目的、水陸地形不同，行旅工具的使用也迥然相異。

一、徒行

　　古代步行稱作徒行、徒步。《論語・先進》載孔子語曰：「吾從大夫之後，不可徒行也。」徒行即步行。《左傳・襄西元年》孔穎達疏曰：「徒，猶空也，謂無車空行也，步行謂之徒行。」

　　《老子》第六十四章講：「千里之行，始於足下。」古時平民出行無車，主要靠步行。《後漢書・徐穉（稚）傳》載：「穉嘗為太尉黃瓊所辟，不就。及瓊卒歸葬，穉乃負糧徒步到江夏赴之。」即便是足跡遍天下的商人，有的也擔貨

步行。如上述《國語‧齊語》中「負任擔荷」，韋昭注曰：「背曰負。肩曰擔。任，抱也。荷，揭也。」清朝後期，關東開禁放墾，大多數山東人都是用獨輪小推車推著老人孩子步行闖關東。有錢買船票，才從山東龍口、煙臺坐船到遼寧大連，然後還是步行。

由於平民徒步出行，徒步還成為平民的代稱。《漢書‧公孫弘傳》載：「起徒步，數年至宰相，封侯。」

行走速度的緩急，各有不同的名稱。《釋名‧釋姿容》載：「徐行曰步，疾行曰趨，疾趨曰走。」

步，是慢行。行走時跨出一足為跬，再跨出一足為步。《荀子‧勸學》講：「不積跬步，無以至千里。」由此可知，古代的步，相當於我們現在的兩步，周以八尺為步，秦以六尺為步，都是現在的兩步。

趨，是快步而行，也指小步快行，以表示恭敬。如《禮記‧曲禮上》載：「遭先生於道，趨而進。」《莊子‧胠篋》載：「巨盜至，則負匱、揭篋（ㄑㄧㄝˋ）、擔囊而趨。」我們說的「亦步亦趨」出自《莊子‧田子方》，顏淵對孔子說：「夫子步亦步，夫子趨亦趨，夫子馳亦馳，夫子奔逸絕塵，而回（顏淵）瞠若乎後矣！」後因用來形容追隨和模仿他人。

走，現在是步行的通稱，古代是跑。如《韓非子‧喻老》言：「扁鵲望桓侯而還走。」扁鵲見蔡桓侯已病入膏

肓，不可救藥了，所以趕快往回跑。《詩・大雅・緜》言：
「來朝走馬。」、「走馬」即跑馬，如果慢慢地蹓躂，「走馬看
花」還真能把花看清楚。

奔的含義也是急行，往往與「走」合稱「奔走」，但不
一定是步行。《左傳・僖公五年》載：「虢公醜奔京師。」《後
漢書・史弼傳》載：「平原吏人奔走詣闕訟之。」

登山涉水稱跋涉。《詩・鄘風・載馳》稱：「大夫跋涉，
我心則憂。」西漢毛亨傳曰：「草行曰跋，水行曰涉。」《左
傳・襄公二十八年》載：「跋涉山川，蒙犯霜露。」

二、行纏

行纏也稱邪幅、行滕，即綁腿布。古時徒步走遠路，為
了行動敏捷，減輕疲勞，往往用綁腿布把膝蓋以下的小腿
纏紮起來。《詩・小雅・采菽》言：「邪幅在下。」鄭玄箋
曰：「邪幅，如今行滕也。逼束其脛，自足至膝，故曰『在
下』。」古代女子也著行纏。《樂府詩集・清商曲辭六・雙行
纏曲》稱：「新羅繡行纏，足跌如春妍。」軍隊行軍亦著行
纏。《三國志・吳志・呂蒙傳》載：「為兵作絳衣行滕。」唐
人杜寶《大業雜記》載，隋煬帝御龍舟遊江都，「其引船人
普名殿腳，一千八百人，並著雜錦、採裝、襖子、行纏、鞋
襪等」。

三、車

車是陸路交通中歷史最悠久、範圍最廣的交通工具，相傳創始於黃帝。

《淮南子・說山訓》載：「見竅（ㄎㄨㄢˇ）木浮而知為舟，見飛蓬轉而知為車。」

《荀子・解蔽》載：「奚仲作車，乘杜作乘馬，而造父精於御。」楊倞注曰：「奚仲，夏禹時車正。黃帝時已有車服，故謂之軒轅。」

《漢書・地理志上》載：「昔在黃帝，作舟車以濟不通，旁行天下。」

蜀漢譙周《古史考》講：「黃帝作車，引重致遠，少昊時略加牛，禹時奚仲加馬。」

春秋工匠魯班在造車方面更是有神奇的造詣。黃帝等發明的是用人力、畜力牽拉的車，魯班發明的是用木人駕駛的、以機關為動力的自火車。東漢王充《論衡・儒增篇》載：「世傳言：『魯般（班）巧，亡其母。』言巧工為母作木車馬，木人御者，機關備具，載母其上，一驅不還，遂失其母。」古人為車的發明和改進耗費了大量人力、物力，連魯班的母親都有為機械車的試驗而獻身的大無畏精神。

古代馬車最為盛行。上述周穆王使造父御，駕赤驥、盜驪、白義、渠黃、驊騮、踰輪、騄耳、山子等八駿之乘西巡

守，淮水流域的徐偃王叛亂，「一日千里以救亂」。這「八駿」都是駕車的千里馬。馬車既是重要的交通工具、戰爭的戰具，又是社會地位和權力的象徵。當時用兩匹馬駕的車叫「駢」，用三匹馬駕的車叫「驂（ㄘㄢ）」，用四匹馬的叫「駟」。由於馬車以四馬為常，所以多以「駟」為單位計數馬匹和車輛。如《論語‧季氏》說「齊景公有馬千駟」，即表示他有1,000 輛車和4,000 匹馬。四馬加一車為「一乘」，當時又以車乘多少來衡量一個國家的國力，因而出現了「萬乘之國」、「千乘之國」、「百乘之國」等不同的稱呼。到了漢代，馬車作為戰車逐漸退出歷史舞臺，而主要用來載貨運客。這一時期，人們仍然非常看重由馬駕的車輛，以乘馬車為尊貴。上層階級的社會活動，往往聚集車馬達千百數。陳豨過趙，「賓客隨之者千餘乘」[123]。《後漢書‧周榮傳附孫景傳》載，周暉兄弟「出入從車常百餘乘」。《後漢書‧郭太傳》載，郭太歸鄉里，「衣冠諸儒送至河上，車數千兩（輛）」。

　　大體說來，古代的車有以下幾種。

（一）軺車

　　軺車是一馬駕駛的輕便車。《釋名》[124] 曰：「軺，遙遠也。四向遠望之車也。」

---

[123]　《史記‧韓信盧綰列傳》，北京：中華書局，1959 年版。
[124]　《太平御覽》卷七七五〈車部四‧軺車〉引，北京：中華書局，1960 年影印版。

《史記‧季布欒布列傳》載，西漢俠士朱家「乃乘軺車之洛陽」。《晉書‧輿服志》載：「軺車，古之軍車也。一馬曰軺車，二馬曰軺傳。漢世貴輜軿而賤軺車，魏晉重軺車而賤輜軿。」可見軺車是普通人乘的車。

軺傳是古代驛站裡的軺車，駕兩匹馬。《漢書‧儒林‧申公傳》載，漢武帝「使使束帛加璧，安車以蒲裹輪，駕駟迎申公，弟子二人乘軺傳從」。

東漢銅軺車

（二）輜軿（ㄆㄧㄥˊ）

輜軿是輜車和軿車的合稱，後世泛指有封鎖的車子。

輜車是有帷蓋的大車，既可載物，又可作臥車。《釋名‧釋車》講：「輜車，載輜重臥息其中之車也。」《漢書‧張良傳》載：「上（劉邦）雖疾，強載輜車，臥而護之。」《後漢書‧桓榮傳》載：「以榮為少傅，賜以輜車乘馬。」

軿車是古代貴族婦女所乘的有帷幕的車。《魏書·禮志》載：「小行則御紺幰（ㄐㄧ ˋ）軿車，駕三馬。」

由於輜車和軿車都有帷幕封鎖，也統稱這類車子為輜軿。

《漢書·張敞傳》載：「禮，君母出門則乘輜軿。」顏師古注：「輜軿，衣車也。」《資治通鑑·孝武帝太元十一年》言：「秦主登立世祖（符堅）神主於軍中，載以輜軿。」胡三省注：「車四面有封鎖者曰輜軿。」

輜軿一直沿用到清代。清厲鶚〈玉泉寺題壁〉詩：「春來古寺聚輜軿，魚樂魚驚鏡裡懸。」

（三）高車

高車是車蓋高，可以立乘的車。《釋名·釋車》稱：「高車，其蓋高，立載之車也。」《晉書·輿服志》載：「車，坐乘者謂之安車，倚乘者謂之立車，亦謂之高車。」後世也用「高車駟馬」泛指高大的車子。〈覃山人隱居〉詩：「高車駟馬帶傾覆。」

（四）安車

古代可以坐乘的一馬小車叫安車。《禮記·曲禮上》載：「大夫七十而致事……適四方，乘安車。」孔穎達疏曰：「古者乘四馬之車，立乘。此臣既老，故乘一馬小車，坐乘也。」

漢代朝廷用安車來禮遇老年大臣，這種安車用四匹馬，稱作「安車駟馬」。為了防止顛簸，有時還以蒲草裹輪。上述漢武帝「使使束帛加璧，安車以蒲裹輪，駕駟迎申公」即是。《漢書·趙充國傳》載：「充國乞骸骨，賜安車駟馬。」

（五）輅（ㄌㄨˋ）車

《釋名》曰：「天子所乘曰輅。輅亦車也。謂之輅，言行路也。金輅以金玉飾車也。象輅、革輅、木輅，各隨所名也。」

《論語·衛靈公》載：「行夏之時，乘殷之輅，服周之冕。」邢昺疏曰：「殷車曰大輅，木輅也，取其儉素，故使乘之。」

董巴〈輿服志〉曰：「殷瑞山車，金根之色，殷人以為大輅。於是，秦皇作金根之車。漢承秦制，為乘輿。即孔子所謂乘殷之輅也。」

〈鹵簿令〉曰：「玉輅駕六馬……金輅、象輅、革輅、木輅以次相隨，並駕六馬。」、「皇太子金輅駕四馬。」、「王公以下象輅駕四馬。」[125] 由此可知，輅車有玉輅、金輅、象輅、革輅、木輅，始自商朝，秦始皇改作金根車，兩漢沿襲，但仍然有輅車。天子之輅六匹馬駕駛，皇太子、王公之輅四馬。

---

[125] 《釋名》、董巴〈輿服志〉、〈鹵簿令〉，均為《太平御覽》卷七七四〈車部三·輅車〉引，北京：中華書局，1960 年影印版。

　　先秦時期，天子、國君往往把輅車賞賜給貴族，以示恩寵。《晏子春秋・內篇雜下》載，齊國晏嬰「乘弊車，駕駑馬」，齊景公派人「遺之輅車乘馬」，被謝絕了。周天子曾賜輅車給魯國貴族叔孫豹，結果引起了季孫氏的嫉妒。

輅車
選自《琳琅祕室叢書》

　　上述圖中乘輅者為孔子，按照規定，孔子沒有資格乘輅車，但後人將孔子尊為素王，指有帝王之德而未居帝王之位者，並有「千年禮樂歸東魯，萬古衣冠拜素王」的說法，所以後人畫有孔子乘輅圖。

（六）牛車

牛車又稱犢車，俗稱「大車」。《周禮·考工記·輈人》云：「大車之轅摯。」鄭玄注曰：「大車，牛車也。」生活在北方的奚族還製造了一種奚車，一般用牛挽之，不能任重，但利於行山。

先秦兩漢時，貧窮之士乘牛車，政府官員乘之則被鄙視。《漢書·蔡義傳》載，蔡義「家貧，常步行，資禮不逮眾門下，好事者相合為義買犢車，令乘之」。東漢鉅鹿太守謝夷吾因乘柴車，被指責為「儀序失中，有損國典」[126]，降職為下邳令。東漢許慶家貧，「為督郵，乘牛車，鄉里號曰軺車督郵」[127]。

東漢後期，乘牛車者逐漸增多。漢末游俠孫賓碩「乘犢車，將騎入市」[128]。《後漢書·宦者·單超傳》載，漢桓帝時，宦者四侯橫行，「其僕從皆乘牛車而從列騎」。

魏晉時期，乘牛車成為一時的風尚。《晉書·輿服志》講：「古之貴者不乘牛車……其後稍見貴之。自靈獻以來，天子至士遂以為常乘。」《舊唐書·輿服志》亦載：「魏、晉已降，迄於隋氏，朝士又駕牛車。」西晉石崇、王愷，東

---

[126] 《後漢書·謝夷吾傳》，北京：中華書局，1965 年版。

[127] 《太平御覽》卷七七五〈車部四·軺車〉引謝承《後漢書》，北京：中華書局，1960 年影印版。

[128] 《三國志·魏書·閻溫傳附張就傳》，北京：中華書局，1959 年版。

晉王導等人都乘牛車。《晉書‧石崇傳》載，石崇「嘗與愷
出遊，爭入洛城，崇牛迅若飛禽，愷絕不能及」。東晉丞相
王導將諸妾安置在外，妻子曹氏性妒，要到諸妾處鬧事。王
導唯恐眾妾被辱，趕緊乘牛車前往，「以所執塵尾柄驅牛而
進」[129]。

北魏皇帝和皇后也乘牛車。《北史‧晁崇傳》載，天興
五年（西元 402 年）牛大疫，「輿駕所乘巨犗（ㄐㄧㄝˋ，
犍牛）數百頭，亦同日斃於路側，自餘首尾相繼」。《魏書‧
禮志四》載，天子、太皇太后、皇太后郊廟，乘坐一種大樓
輦、小樓輦，均由 12 頭牛駕駛。

據《隋書‧禮儀志五》載，南朝梁的畫輪車、衣書車、
記里車，諸侯、三公有勳德者乘坐的皂輪車，列侯和四品以
上官員的軺車，都用牛來駕駛。直到隋代，上層社會仍風行
用牛車。大將軍、吏部尚書牛弘之弟牛弼，「嘗因醉，射殺
弘駕車牛」[130]。

因為牛車能負重且平穩，所以婦女出行也常乘牛車。唐
代楊貴妃姊妹「競車服，為一犢車，飾以金翠，間以珠玉，
一車之費，不下數十萬貫。既而重甚，牛不能引」[131]。宋

---

[129]　《晉書‧王導傳》，北京：中華書局，1974 年版。
[130]　《隋書‧牛弘傳》，北京：中華書局，1973 年版。
[131]　《唐五代筆記小說大觀本》，引（唐）鄭處誨《明皇雜錄》，上海：上海古
　　　　籍出版社，2000 年版。

代陸游《老學庵筆記》卷二載：「成都諸名族婦女，出入皆乘犢牛。唯城北郭氏車最鮮華，為一城之冠，謂之『郭家車子』。」

（七）羊車

《釋名》[132] 曰：「羊車，以羊所駕名車也。」羊車不能負重致遠，只能供統治者遊戲、玩耍之用。

《晉書·後妃上·胡貴嬪傳》載，晉武帝「多內寵，平吳之後復納孫晧宮人數千，自此掖庭殆將萬人。而並寵者甚眾，帝莫知所適，常乘羊車，恣其所之，至便宴寢。宮人乃取竹葉插戶，以鹽汁灑地，而引帝車」。竹葉、鹽都是羊愛吃的東西，羊到了門口，貪吃就不走了。

魏晉士族放蕩不羈，乘羊車成為一時風尚。西晉中護軍羊琇乘羊車，被司隸校尉劉毅彈劾。晉武帝自己在宮內乘羊車，又想遏制這種放蕩不羈的風氣，下詔說：「羊雖無制，非素所乘者，可如所奏。」[133] 羊琇因此被罷官。

《晉書·衛瓘傳》載，衛瓘孫衛玠「總角乘羊車入市，見者皆以為玉人」。文天祥〈詠羊〉詩「牽引駕車稱衛玠」，即指此。

---

[132]　《太平御覽》卷七七五〈車部四·羊車〉引，北京：中華書局，1960 年影印版。

[133]　《太平御覽》卷七七五〈車部四·羊車〉引《晉太元起居注》，北京：中華書局，1960 年影印版。

（八）鹿車

鹿車是一種用來載貨、載人的人力手推獨輪車。《後漢書·趙熹傳》載，趙熹「以泥塗仲伯婦面，載以鹿車，身自推之」。李賢注引《風俗通》曰：「俗說鹿車窄小，裁（才）容一鹿。」

《後漢書·列女·鮑宣妻傳》載，西漢鮑宣娶少君為妻，陪送妝奩甚盛，鮑宣不悅。少君曰：「既奉承君子，唯命是從。」、「乃悉歸侍御服飾，更著短布裳，與宣共挽鹿車歸鄉里」。

鹿車

由於鹿車主要是用來載貨的手推車，貴族乘坐則有失身分。蜀漢董允要參加葬禮，其父命其乘鹿車前往，「允有難載之色」[134]。

三國時，諸葛亮發明的「木牛流馬」，就是經過改進的

---

[134] 《三國志·費禕傳》，北京：中華書局，1959 年版。

鹿車，它不僅能在險狹的山地上行進，而且載重量大大提高，成為蜀軍運送糧草的重要工具。

宋代時，流行的江州車也是一種人力獨輪手推車。宋曾敏行《獨醒雜志》卷九載其制曰：「江鄉有一等車，隻輪，兩臂，以一人推之，隨所欲運，別以竹為節（ㄅㄨ ˋ ），載兩旁，束之以繩，幾能勝三人之力，登高度險，亦覺穩捷，雖羊腸之路可行。」

當時還有一種兩人力的獨輪車 —— 羊頭車。明姜南《瓠里子筆談·羊頭車》曰：「自鎮江以北，有獨輪小車，凡百乘載皆用之。一人挽之於前，一人推之於後，雖千里亦可至矣。謂之『羊頭車』。」

清代時，出現了掛帆的獨輪車，它巧妙地利用風力以節省人力，顯示出勞動人民的聰明才智。

獨輪車是中國交通史上的一項重大發明，而歐洲獨輪車的出現則比中國晚了一千多年。直到今天，中國一些偏遠地區及農村仍然廣泛使用，如四川的雞公車、江南的羊角車、陝西的狗脊梁推輪車等，實際上都是獨輪車。

車因用途、形狀、材料、挽力、工藝的不同，有很多種名稱。例如魏晉時期還有一種象車，《晉諸公贊》[135]載：「平吳後，南越獻馴象，作大車駕之，載黃門鼓吹數十人。」

---

[135] 《太平御覽》卷七七五〈車部四·象車〉引，北京：中華書局，1960 年影印版。

▌（九）輦

輦是由兩個人挽拉的人力車，亦是後代轎子的前身。《說文十四上·車部》曰：「輦，輓車也。」段玉裁注曰：「謂人挽以行之車也。」商代銅器《輦卣》上銘刻的輦字，酷似兩人輓車之狀，有人認為這是商代輦車的真實寫照。《左傳·成公十七年》載：「齊慶克通於聲孟子，與婦人蒙衣乘輦而入於閎。」《史記·貨殖列傳》載，卓王孫遷蜀，夫妻二人「推輦而行」。《漢書·婁敬傳》曰：「敬脫輓輅。」蘇林注曰：「一木橫遮車前，二人挽之，一人推之。」這種一人推，二人拉的輅車，實際就是輦。

輦一開始上下通用，秦漢以後，便多為皇族所用。《通典·禮典》云：「夏氏末代制輦……秦以輦為人君之乘，漢因之」。《史記·梁孝王世家》載，梁孝王劉武「以太后親故，王入則侍景帝同輦，出則同車遊獵」。

皇族乘坐的輦種類很多，通常稱帝輦、鳳輦。唐高宗時，始制七輦，「每有大禮，則御輦以來往。爰洎則天以後，遂以為常」[136]。後來又有大鳳輦、玉輦、仙遊輦、四環金飾輦、平頭輦、逍遙輦等等。

元代，皇帝出行則乘「象輦」。象輦即駕在大象背上的大木轎子，插有旌旗和傘蓋，裡面襯著金絲座墊，外包獅

---

[136] 《舊唐書·輿服志》，北京：中華書局，1975 年版。

子皮，每像有一名馭者。象輦雖舒適，但非常不安全。至元十九年（西元 1282 年），吏部尚書劉好禮就曾諫言：「象力最巨，上往還兩都，乘輿象駕，萬一有變，從者雖多，力何能及？」[137]

此外，古代還有驢車、騾車等等。東漢靈帝「駕四驢，帝躬自操轡，驅馳周旋，京師轉相仿效」。有人評論說：「驢者服重致遠，上下山谷，野人之所用耳，何有帝王君子而驂駕之乎？」[138]「（蜀）後主劉禪，乘騾車降鄧艾」[139]。直到現在，中國北方農村仍然有驢車、騾車。

四、步輦、肩輿、轎子

由於古代道路品質不高，車輪又是用鐵皮包的木輪，坐在上面非常不舒服。兩晉時便乾脆拆掉車輪，改為人抬，稱為步輦、肩輿，這就是最初的轎子。《隋書·禮儀志》載：「輦，制象軺車，而不施輪……用人荷之。」

《晉書·山濤傳》載：「帝嘗講武於宣武場，濤時有疾，詔乘步輦從。」

《晉書·王導傳》載，西晉末琅邪王司馬睿初鎮建康，

[137] 《元史·劉好禮傳》，北京：中華書局，1976 年版。
[138] 《後漢書·靈帝紀》注引《續漢志》，北京：中華書局，1965 年版。
[139] 《太平御覽》卷七五五〈車部四·騾車〉引《蜀志》，北京：中華書局，1960 年影印版。

吳人不服,「會三月上巳,帝親觀禊,乘肩輿,具威儀,(王)敦、(王)導及諸名勝皆騎從」。

《世說新語‧簡傲》載:東晉王徽之「肩輿徑造竹下,諷嘯良久」。

彩陶肩輿

唐代畫家閻立本畫有唐太宗乘步輦接見吐蕃使臣祿東贊的〈步輦圖〉。《因話錄》卷三載,鄭還古「初家青齊間,遇李師道漸阻王命,扶侍老親歸洛。與其弟自舁(ㄩˊ,抬)肩輿,晨暮奔迫,兩肩皆瘡」。

步輦又稱籃輿、兜籠、篜子、編輿。白居易有「驛路崎嶇泥雪寒,欲登籃輿一長嘆」的詩句。《三才圖會》中有籃輿圖,說:「陶元亮(陶淵明)有腳疾,每有遊歷,使一門生與其舁以籃輿。」

步輦
〈步輦圖〉卷（局部）
唐代閻立本繪

　　籃輿、編輿用竹子編造，形狀像籃，乘者盤坐於籃中。籃輿上有二梁，以一槓穿過，由二人抬著，大多由婦女乘坐。《新唐書·車服志》載，永徽（西元 650—655 年）中，婦女「坐篼以代乘車」。《冊府元龜》也稱：「唐文宗時，婦人本來乘車，近來率用篼子，事已成俗。」

　　兜籠，又名兜子。《舊唐書·輿服志》載，「兜籠，巴蜀婦人所用」、「易於擔負，京城奚車、兜籠，代於車輿矣」[140]。《新唐書·車服志》亦載：「乾元（西元 758—760 年）初，蕃將又以兜籠易負，遂以代車。」《桂苑叢談》載，李德裕曾「召兜子數乘，命關連僧人對事，咸遣坐兜

[140]　《舊唐書·輿服志》，北京：中華書局，1975 年版。

子。」從「易於擔負」來看，兜籠應該是網繩狀、類似擔架一類的輦。

唐時，雖然形成了乘轎的文弱之風，但一般僅限婦女和有疾病的官員，大多數人仍然騎馬乘車。

清人福格的《聽雨叢談·肩輿》講：「唐時宰相乘馬，五代始用擔（或作簷）子。」後周時，「轎子」一詞正式出現。宋王銍《默記》載，「藝祖（宋太祖）初自陳橋推戴入城，周恭帝即衣白襴，乘轎子出居天清寺」。

宋代時，轎子大興，出現了花簷子、龍肩輿、山輿、腰輿、板輿、梯轎等新名稱。

花簷子即後世的花轎，因其裝飾以各種彩色的飾物而得名，主要用於迎親嫁娶、重大節日等隆重熱鬧的場合，以增添喜慶氣氛。

據《宋史·輿服志二》載，龍肩輿又名「棕簷子」、「龍簷子」、「舁以二竿，故名簷子……中興，以太后用龍輿，後唯用簷子」。其形制為方形棕頂，用朱漆紅黃藤編製而成，以百花龍紋帷帳為屏障，紅色門簾，朱漆藤座椅，下面設有踏子，內建紅羅茵褥，軟屏夾幔，供達官貴人及其女眷使用。

山輿又稱山轎，是一種形制較為簡單，專供行走山路時所使用的轎子。當時的文人士大夫走陡峭的山路，常乘山

輿。南宋楊萬里〈過白沙竹枝歌〉詩:「絕壁臨江千尺餘,上頭一徑過肩輿。舟人仰看瞻俱破,為問行人知得無。」

據《宋史·輿服志五》載,北宋李昉曾奏請:「工商、庶人家乘簷子,或用四人、八人,請禁斷,聽乘車。」宋太宗詔從之。到宋哲宗時,「京城士人與豪右大姓,出入率以轎自載,四人舁之。甚者飾以棕蓋,徹去簾蔽,翼其左右,旁午於通衢」。宋徽宗時,「京城內暖轎,非命官至富民、娼優、下賤,遂以為常」。

南宋遷都江南後,乘轎之風更盛。《朱子語類·本朝二》曰:「南渡以前,士大夫皆不甚用轎,如王荊公伊川皆云不以人代畜。朝士皆乘馬。或有老病,朝廷賜令乘轎,猶力辭後受。自南渡後至今,則無人不乘轎矣。」

有坐轎子的,就有抬轎的。明代謝肇淛《五雜俎》載,南宋「京師之人,衣食於此(抬轎)者,殆及萬餘」,足見江南轎業之發達。

明清以來,轎子的使用已平民化,「人人皆小肩輿,無一騎馬者」[141]。這時期已形成了官民不同的官用轎和民用轎。官用轎即官員乘坐之轎。明朝景泰四年(西元 1453 年),政府規定在京文官三品以上的官員可以乘轎。弘治三年(西元 1494 年)又規定,凡符合乘轎條件的文武官員,只能乘坐四

---

[141] (明)顧起元:《客座贅語》,上海:上海古籍出版社,1999 年版。

人扛抬大轎，而其他如「五府管事，內外鎮守、守備及公、侯、伯、都督等，不問老少，皆不得乘轎」[142]。違例乘轎及擅用八人轎者，嚴厲懲處。明代正德、嘉靖以後，這一規定逐漸遭到破壞，違例乘轎已成社會風氣。

清代時，朝廷按照官員品級的不同，對轎伕的人數、轎子裝飾做了詳細規定：三品以上漢人文職京官所乘轎輿用銀頂，皂色幃簾，在京乘四人轎，出京乘八人轎；四品以下文官，用錫轎頂，轎伕兩人；直省督、撫，轎伕八人；司、道以下，教職以上坐四人轎；欽差官三品以上坐八人轎。武官不得乘轎，只許騎馬。將軍、提督、總兵官年老不能騎馬者可以報請批准坐轎。[143] 官轎除因公受皇上賞識特別賜予的外，一般由官員自備。清代官員出行乘坐的轎子有嚴格的限制，不得僭越，所以人們通常一瞧便知轎中之人的身分和官品地位。

民用轎即一般平民所坐之轎。它通常是兩人抬的青布小轎。明代時，民間所使用的轎子有暖轎和涼轎之分。暖轎又稱暗轎，其頂蓋呈四面坡形，四角不上翹，頂尖飾有寶瓶，是一種有帷幔遮蔽的轎子。涼轎又稱亮轎或顯轎。其形制為一把大靠椅，兩旁扛有竹槓，椅下設有踏腳板，不上帷子，多與華蓋羅傘相配用，類似過去四川山區一帶流行的「滑竿」。

---

[142]　《明史·輿服志一》，北京：中華書局，1974 年版。
[143]　見《清史稿·輿服志一·皇帝五輅》，北京：中華書局，1977 年版。

二人小轎
選自〈清國京城市景風俗圖〉

五、船

（一）刳（ㄎㄨ）木為舟，剡（一ㄢˇ）木為楫

中國古代最早的船是筏子和獨木舟。筏子的製作比較簡單，用幾根樹幹或竹子排紮在一起即可。《物原》語：「伏羲始乘桴。」《論語·公冶長》載孔子語曰：「道不行，乘桴浮於海。」桴即筏子。

獨木舟是用一段粗大的樹幹挖成的小船。《淮南子·說山訓》講：「見窾（ㄎㄨㄢˇ）木浮而知為舟。」、「窾木」即中空木。《易經·繫辭下》說，伏羲氏「刳木為舟，剡木為楫」。《漢書·地理志上》說，黃帝「作舟車以濟不通」。

另外還有共鼓、巧垂、伯益、番禺造舟的神話。

到商代，出現了用數塊木板組裝而成的木板船。受筏子製作原理的啟發，人們將兩舟連線起來，又製造出了能提高穩定性和裝載量的舫。《通俗文》云：「連舟曰舫。」

周代規定：「天子造舟，諸侯維舟，大夫方（舫）舟、士特舟，庶人乘泭（桴）。」[144] 天子乘坐由多條船連成的造舟，諸侯乘坐「維連四船」的維舟，大夫乘「並兩船」的方舟，士乘單隻船的特舟，一般平民則只能乘筏。

連線多條船隻的造舟、維舟、方舟，說明人們已經知道防止船的搖晃和顛簸，但也從另一個方面說明，限於當時的技術水準，還不能製造形制太大的船。

（二）櫓、舵、帆、錨

先秦時，船的動力主要是操槳，秦漢時出現了櫓。櫓是一種效率較高的人力推進工具，一櫓的功效是一槳的三倍，「用篙力然後舟行也」。長沙伍家嶺西漢船模型顯示了櫓的早期形態，山東沂南東漢畫像石的內河航行船影像可以看出櫓的進一步發展和成熟。櫓是中國造船與航行技術的一項傑出發明，有的外國學者稱：「櫓可能是中國發明中最科學的一個。」

漢代還出現了舵、帆和錨。

---

[144] 〈爾雅·釋水〉，載《十三經註疏》，北京：中華書局，1980 年影印版。

舵當時又稱柂或柁，用來控制船的航向。東漢劉熙《釋名·釋船》講：「其尾曰柁。柁，拖也，在後見拖曳也，且言弼（輔助）正船，使順流不他戾（拐彎）也。」1955 年，廣州近郊一座東漢墓中出土了一隻陶製船模型，長 54 公分，寬 11.5 公分，高 16 公分，船首繫錨，船尾有一寬葉槳板，似作掌舵，一般認為這是中國發現的、最早的舵。

風帆是利用風力使船航行速度加快的器具，始見於東漢中期。《釋名·釋船》曰：「帆，泛也。隨風張幔曰帆，使舟疾，泛泛然也。」馬融的〈廣成頌〉對帆的使用情況作了生動的描寫：「方餘皇，連舼舟，張雲帆，施蜺幬，靡颼風，陵迅流，發櫂歌，縱水謳，淫魚出，蓍蔡浮，湘靈下，漢女遊。」[145] 為了增加受風面積，更充分地利用風力，還出現了雙桅以至三桅、四桅船。

錨到東漢時已漸趨成熟。上述廣州東漢陶製船模型首部懸掛有錨，其性質已經脫離了錨的初始階段，錨上既有錨爪又有橫桿，使錨爪易於插入水底泥中，基本上具備了後世錨的特點。

（三）樓船、輪船、指南針、神舟、寶船

秦漢時期，出現了多型式的船隻，如舸、舫、艇、扁舟、輕舟、舲舟，以及用於軍事的先登船、赤馬舟、斥候

---

[145] 《後漢書·馬融傳》，北京：中華書局，1965 年版。

船、樓船、戈船、艨艟等。

最能說明造船技術高超的是「樓船」。《史記·平準書》載，漢武帝在京師昆明池「治樓船，高十餘丈」。東漢劉熙《釋名·釋船》講，這種樓船有廬、飛廬、雀室三個樓層：「船上屋曰廬，象舍也。其上重室曰飛廬，在上故曰飛也；又在其上曰雀室，於中候望，若鳥雀之驚視也。」由於製作樓船是用於軍事，故漢代的水軍稱樓船。樓船也可供出行遊樂使用，《後漢書·公孫述傳》載，公孫述曾建造「十層赤樓帛蘭船」，這種豪華壯觀的樓船即供公孫述出行享樂之用。

唐代出現了車船，即輪船，用輪子轉動划水，推動船前進，比歐洲早 800 多年。《舊唐書·李皋傳》載：「挾二輪蹈之，翔風鼓浪，疾若掛帆席。」是當時世界上最早的輪船。車船到宋代時大行於世。南宋起義軍楊麼使用的大車船，長 30 餘丈，寬 4 丈有餘，高 3 層，可載千餘人，輪槳多達 32 個，「以輪激水，其行如飛」[146]。唐朝造船已普遍採用了卯榫相接，鐵釘釘連的方法，這比木釘、竹釘聯結要堅固牢靠得多。如 1960 年 3 月江蘇揚州出土的唐代木船，使用的便是榫接釘合技術。而且此時的船艙已用隔艙板間隔成數間，予以密封，稱為水密艙。這種結構大大提高了船舶的堅固性和抗沉性，是中國對世界造船技術的一大貢獻，其他各國直到

---

[146] 《宋史·岳飛傳》，北京：中華書局，1975 年版。

18 世紀末才開始吸收這種先進技術。唐人李肇《唐國史補》還提到一種俞大娘航船：「江湖語云：『水不載萬。』言大船不過八九千石。然則大曆、貞元間，有俞大娘航船最大，居者養生、送死、嫁娶悉在其間。開巷為圃，操駕之工數百。」一條船竟囊括了衣、食、住、行、養生、送死、嫁娶，還能開圃種花植菜，其規模可想而知。

宋代的船隻已廣泛使用指南針，並應用於航海。北宋朱彧在《萍洲可談》中寫道：「舟師識地理，夜則觀星，晝則觀日，陰晦觀指南針。」宋代工匠還能根據船效能和用途的不同要求，先製造出模型，進而畫出船圖，再依據模型和圖進行施工。而歐洲在 16 世紀才出現簡單的船圖，落後中國三四百年。宋神宗時，明州建造的「神舟」，又稱萬斛船，規模宏大，載重量在 1,100 噸以上。宣和年間，徐兢出使高麗乘坐的便是萬斛船，「長闊高大、什物器用、人數，皆三倍於客舟」，航行時「巍如山岳，浮動波上，錦帆鷁首，屈服蛟螭」，以至駛達高麗國時，高麗人「傾國聳觀，而歡呼嘉嘆」[147]，驚讚不已。

明代造船場之一的龍江船場占地約 8,100 餘畝，年產超過 200 艘，鄭和下西洋的寶船就是由該場承造的。寶船長 44

[147]（宋）徐兢：《宣和奉使高麗圖經》卷三十四〈客舟〉、〈神州〉，北京：中華書局，1985 年版。

丈，寬 18 丈，「張十二帆」[148]，船上篷帆鐵錨，「非二三百人莫能舉動」[149]。鄭和率 62 艘寶船、200 多艘其他船隻和 27,000 多名船員七下西洋，出使了亞非 30 多個國家，顯示了當時中國造船技術和航海能力在世界上的一流水準。

橫水渡
選自〈中國清代外銷畫〉
橫水渡是水路客運交通工具，用於狹窄及平靜的河流或水道之上

六、馬、驢、騾、駱駝

古人駕駛舟車的同時，也騎乘馬、驢、騾、駱駝等，主要是騎馬。

---

[148] （明）費信：《星槎勝覽·占城國》，北京：海洋出版社，2005 年版。
[149] （明）鞏珍：《西洋番國志·自序》，北京：中華書局，1961 年版。

　　春秋戰國之交，趙武靈王「胡服騎射」，騎馬之俗開始
流行。魏晉南北朝時馬鐙的出現，增加了騎乘的穩定性和舒
適性，從而避免了沒有馬鐙時的巨大體力消耗，是中國騎乘
史上的突破。到唐代，騎馬終成一代風尚。上述「服飾風
俗」中提到，唐朝宮人皆騎馬。《舊唐書·輿服志》載：「開
元十一年冬，（玄宗）將有事於南郊，乘輅而往，禮畢，騎
而還。自此行幸及郊祀等事，無遠近，皆騎於儀衛之內。其
五輅及腰輿之屬，但陳於鹵薄而已。」上行下效，更加劇了
騎馬之風的蔓延。當時朝臣上朝騎馬，已成慣例。尚秉和在
《歷代社會風俗事物考》中說：「夫官至四品，在唐時亦尊
甚矣，而騎馬赴朝。可見當時朝臣殆無不騎馬也。」另外，
「兩騎翩翩來者誰」、「良人玉勒乘驄馬」、「騎馬過斜橋」、
「馬上相逢無紙筆」等等，無不反映出唐時騎馬之盛。唐代
不僅男子騎馬，女子出行也一度風行騎馬。《唐傳奇》曰：
「從二女奴，皆乘白馬。」盛唐時女子騎馬的習俗以楊貴妃之
姊、虢國夫人最為張揚。據《明皇雜錄》載，虢國夫人「每
入禁中，常乘驄馬，使小黃門御。紫驄之俊健，黃門之端
秀，皆冠絕一時」。畫家張萱的〈虢國夫人遊春圖〉也描繪
了虢國夫人與女眷騎馬出行遊玩的景象。《舊唐書·輿服志》
中，劉知幾敘述了騎馬風俗的演變：

　　古者自大夫已上皆乘車，而以馬為騑服。魏晉已降，迄於隋代，朝士又駕牛車……至如李廣北征，解鞍憩息；馬援南伐，據鞍顧盼。斯則鞍馬之設，行於軍旅，戎服所乘，貴於便習者也。案江左官至尚書郎而輒輕乘馬，則為御史所彈。又顏延之罷官後，好騎馬出入閭里，當代稱其放誕。此則專車憑軾，可攝朝衣；單馬御鞍，宜從褻服。求之近古，灼然之明驗矣。自皇家撫運，沿革隨時。至如陵廟巡幸，王公冊命，則盛服冠履，乘彼輅車。其士庶有衣冠親迎者，亦時以服箱充馭。在於他事，無復乘車，貴賤所行，通鞍馬而已。

　　劉知幾的意思是說，由於乘車必須朝衣盛服，騎馬則可褻衣便服，所以在唐朝，無論貴賤，祭祀、巡幸、冊命、迎親等正規禮儀場合則坐車，而私下非正規場合則「無復乘車」、「通鞍馬而已」。

唐代張萱繪〈虢國夫人遊春圖〉

　　宋代除乘車、轎外，騎馬出行的現象也較為普遍。如宋初詩人王禹偁曰：「馬穿山徑菊初黃，信馬悠悠野興長。」《李學士家談》云：「先公嘗言，近日舉子，多衣紫皂衫，乘馬以虎豹皮裝飾鞍，謁見士大夫。」[150] 蘇軾有詩云：「橫槎晚渡碧澗口，騎馬夜入南山谷。」

　　明清時，轎子成為普遍使用的交通工具，但仍保持了騎馬出行的風尚。

明佚名繪〈明宣宗馬上像〉

　　騎驢出行，往往多是平民。東漢張楷，家貧無以為業，常乘驢到縣城賣藥。[151] 魏晉阮籍喜歡騎驢出行，司馬昭任他為東平太

---

[150]　《宋朝事實類苑》卷六一〈舉子投贄〉，上海：上海古籍出版社，1981年版。
[151]　《後漢書‧張霸傳》，北京：中華書局，1965年版。

守，「籍便騎驢徑到郡」[152]。《魏書‧蕭寶夤列傳》載，蕭寶夤從南方逃往北方時，曾藏匿於山洞，向居民「貸驢乘之」。

由於騎驢者多為貧窮之士或平民，一般不如騎馬者尊貴。隋唐時，驢被稱為「劣乘」。隋朝杜子春由富而貧，其出行則相應地「去馬而驢，去驢而徒」[153]。《雲溪友議》載，馮氏兄弟因貧窮「共有一驢赴京」。因驢子的價格便宜，所以在民眾中普遍使用。一些隱居高士或我行我素的人，往往以騎驢為超凡脫俗之舉，並以此為尚。唐德宗時山人宰相李泌喜歡騎驢上朝，杜甫、李賀、賈島等也都經常騎驢出行。宋人騎驢出行的也頗多。如蘇軾〈和子由澠池懷舊〉詩云：「路長人困蹇驢嘶。」陸游〈劍門道中遇微雨〉詩：「細雨騎驢入劍門。」王安石言「辭相位，居鐘山，唯乘驢」[154]。北宋張擇端的〈清明上河圖〉中有驢數十匹，有馱運雜物的，有拉車運貨的，有飲水喂料的，更有馱人代步的，可知歷代市井中使用毛驢是很普遍的。

驢善馱負，便於婦人、小孩騎乘。俗話說「騎驢看唱本，走著瞧」，說明看著唱本也能騎驢。清代詩人富蔡明義在〈中頂竹枝詞〉中描寫婦女騎驢趕廟會回家的情景說：

[152] 《世說新語‧任誕》劉孝標註引《文士傳》，載《諸子整合》，上海：上海書店，1986年影印版。

[153] 《太平廣記》卷一六〈杜子春〉，北京：中華書局，1961年版。

[154] （北宋）邵伯溫：《邵氏見聞錄》卷十一，西安：三秦出版社，2004年版，第137頁。

「廟散人空日已斜，跨驢紅袖慢歸家。」

由於騎驢者眾多，便出現了靠趕毛驢供人乘騎的行業，稱作「趕腳」。唐代杜佑《通典·食貨·歷代盛衰戶口》講，唐代「東至宋、汴，西至歧州，夾路列店肆待客，酒饌豐溢。每店皆有驢賃客乘，倏忽數十里，謂之『驛驢』。」這種「驛驢」，應是「趕腳」的前身。清末，北京人進城或城裡人出城，都愛租騎小毛驢。因而在北京的四城門洞，有許多牽著毛驢「趕腳」的驢把式，他們了解自己毛驢的秉性，認路兒，不論上哪兒，不錯不繞。伺候旅客，上驢要架，下驢要攙，牽著驢把客人送到目的地，收韁點錢。固定的短程，驢走熟了路子，可以自行往來，驢把式則不必跟著一趟趟地往返跑路了。舊時北方媳婦騎毛驢回家，是北方一大風俗景觀。河南曲劇、山東呂劇、五音戲《王小趕腳》，反映的就是這一風俗。

古人有時也乘騾子、駱駝出行。

《三國典略》載：「（南朝）齊陽休之嘗乘騾遊於公卿門，略無慚色。」《太平廣記》載，唐人李泌「所乘騾忽驚軼而走」。唐朝蔡州藩鎮軍隊中有「騾子軍」、「最為勁悍，官軍恆警備之」[155]。騾子作為軍隊作戰的騎乘，騎騾子肯定

---

[155] 《太平御覽》卷九○一〈獸部·騾〉引《唐書》，北京：中華書局，1960 年影印版。

已有很長的歷史了。南宋周密《齊東野語》卷一九〈清涼居士詞〉講:「韓忠武王以元樞就第,絕口不言兵,自號清涼居士。時乘小騾,放浪西湖泉石間。」

騎駱駝者,如《資治通鑑・天寶十二載》載,哥舒翰「每遣使入奏,常乘白橐駝,日馳五百里」。《宋史・高昌傳》云:「行者皆乘橐駝。」到今天,駱駝仍然是沙漠地區必不可少的交通工具。

七、火車、汽車、電車、腳踏車、輪船

上述行旅工具的共同特點是:速度慢,靠人力、畜力、自然力,而沒有機械力。清代後期,隨著鴉片戰爭的爆發,西方先進的交通工具如火車、汽車、電車、腳踏車、輪船等逐漸傳入中國,導致了中國傳統交通工具的變革。於是人們的出行方式也隨之一變,由騎馬、坐轎、乘船改為乘火車、汽車、電車、腳踏車、輪船,大大推動了出行的範圍和效率。

中國最早的鐵路建於同治四年(西元 1865 年)。有一位叫杜蘭德的英國商人,在北京宣武門外修建了一條一里多長的觀賞鐵路,意在宣傳火車的優越性,勸說清政府同意外國人修築鐵路的計畫。試執行時,火車迅疾如飛,京師人「詫所未聞,駭為妖物,舉國若狂,幾至大變。旋經步軍統領衙

門飭令拆卸，群疑始息」[156]。這條鐵路雖被拆毀，但也確實造成了廣告宣傳的作用。1876 年，中國第一條營業鐵路——淞滬鐵路修建成功，這是中國最早辦理客貨運輸業務的鐵路。1881 年，中國人自己修築了唐山至胥各莊的鐵路。這條唐胥鐵路是中國真正成功儲存下來並加以實際應用的第一條鐵路，從而拉開了中國自主修建鐵路的序幕。到 1911 年清王朝滅亡時，中國已修鐵路 9,100 多公里，形成了一個初具規模的鐵路交通網。乘火車旅行一時成為時髦風尚。

汽車最早在中國出現，是 1898 年外國人贈送給慈禧太后的。這輛汽車是德國杜依爾汽車公司所生產的第一代賓士轎車，呈長方形，有前後兩排座位。但由於司機的座位在車前面，慈禧認為有失體統，很不高興，因此只坐了一次便棄而不用了。進入中華民國以後，汽車數量逐漸增多，乘坐者大多為政府顯貴、洋買辦、富商等，一般民眾是很難有機會乘坐的。

電車即是以電力行駛的車。清光緒三十二年（西元 1906年），比利時商人在天津鋪設有軌電車。電車開通的當日，「搭客甚多，道傍觀者如堵」[157]。1908 年，上海有軌電車開通。由於電車安全、便宜，很快被民眾所認可，成為市民最常乘的交通工具。

---

[156]　宓汝成：《中國近代鐵路史資料》第一冊，北京：中華書局，1984 年版，第 17 頁。

[157]　《大公報》，1906 年 2 月 17 日。

　　腳踏車又稱腳踏車，於 1870 年代傳入中國。記述出現在
上海的腳踏車形制說：「車式前後兩輪，中嵌坐墊，前輪兩
旁沒鐵條踏蹬一，上置扶手橫一。若用時騎坐其中，以兩足
踏蹬，運轉如飛，兩手握橫木，使兩臂撐起，如挑沙袋走索
之狀，不致傾跌。」[158] 此時的腳踏車還未採用鏈條轉動，而
是腳蹬子與前輪軸相連，用前輪轉動帶動後輪前進。後來隨
著腳踏車結構的改進和數量的增多，騎的人也越來越多。據
《申報》報導，在 19 世紀末上海的黃浦灘一帶，腳踏車已是
「此往彼來，有如梭織」了。起初還主要是外國人騎乘，後
來華人也爭相使用，「邇日此風盛行於滬上，華人之能御者
亦日見其多，輕靈便捷，其行若飛」[159]。

　　近代新式輪船是以蒸汽機為動力的。19 世紀中葉，中國
開始試製近代輪船。1864 年，徐壽、華蘅芳在南京製造了中
國第一艘蒸汽動力船「黃鵠」號。此後，輪船招商局成立，
中國的航運業開始走向近代化。到 1921 年，全中國已有大中
小輪船公司 1,328 家，擁有輪船 2,332 艘。

　　輪船、火車等大型交通工具的引進，改變了過去長途旅
行耗時較長的狀況，大大提高了長途旅行的效率。清末曾有
一首竹枝詞稱讚說：

---

[158]　參見（清）葛元煦：《滬遊雜記》卷一〈腳踏車〉，上海：上海書店出版
　　　社，2006 年版，第 17 頁。
[159]　《申報》，1898 年 1 月 28 日。

報單新到火輪船，晝夜能行路幾千。

多少官商來往便，快如飛鳥過雲天。[160]

---

[160] （清）李靜山：《增補都門雜詠》，載潘超、丘良任等編《中華竹枝詞全編》
（一），北京：北京出版社，2007年，第248頁。

● 第五節
道路、旅店、長亭

一、道路

　　道路伴同人類活動同步產生，是社會文明和科學進步的象徵和標誌。

　　原始的路，是由人踐踏而形成的小徑。《釋名·釋道》講：「道，蹈也；路，露也，言人所踐蹈而露見也。」《爾雅·釋宮》稱：「一達謂之道路，二達謂之歧旁（岔道），三達謂之劇旁（三岔路），四達謂之衢（交通四出），五達謂之康，六達謂之莊，七達謂之劇驂，八達謂之崇期（四道交出），九達謂之逵（四道交出，復有旁通）。」由此可知，我們說的「康莊大道」，就是有五六個方向的交叉路。

　　在 4,000 年前的新石器晚期，中國就有記載役使牛馬為

人類運輸而形成的馱運道。伴隨上述黃帝作車、少昊加牛、奚仲駕馬，必定是道路的修建。西周時，道路初具規模。「武王克商，通道於九夷八蠻」[161]。《韓非子‧內儲說上》載：「殷之法，棄灰於公道者斷其手。」這是最早維護道路衛生的法規。

周代的道路已很完善。《周禮‧匠人》載：「國中九經、九緯，經塗（途）九軌……環塗七軌，野塗五軌。」道路規劃為「經、緯、環、野」四種。南北為經，東西為緯。都城中九經九緯，呈棋盤形。圍城為環，出城為野。「環塗」是環城路。「野塗」是野中的道路。軌是車轍的寬度，一般是古尺八尺，「九軌」即七十二尺。郊外道路分為路、道、塗、畛、徑五個等級，並根據其功能規定不同的寬度。

當時已建立了道路管理制度。《國語‧周語中》載：「司空視途。」、「周制有之曰：列樹以表道，立鄙食以守路。」、「先王之教曰：雨畢而除道，水涸而成梁。」這幾段話的意思是，周朝的制度，司空負責管理道路，以樹木做路標，四鄙十里有廬，廬有飲食。雨後修理道路，溝洫乾涸修理橋梁。《詩經‧小雅‧大東》稱：「周道如砥（磨石），其直如矢。」經過整修的道路，才如此平滑、筆直。

---

[161] 《太平御覽》卷一九五〈居處部二三‧道路〉引《家語》，北京：中華書局，1960 年影印版。

　　《禮記‧王制》載：「道路，男子由右，婦人由左，車從中央。」這是中國較早的、帶有男女倫理特色的交通規則。

　　中國川、陝、甘、滇各省峭巖陡壁上還有一種棧道，又稱閣道、複道，是在懸崖峭壁上鑿孔，插入木梁，上鋪木板或再覆土石而成的路。也有的在石崖上鑿成臺級，形成攀援上下的梯子崖。《史記‧范雎蔡澤列傳》載，戰國秦昭王時，「決羊腸之險，塞太行之道……棧道千里，通於蜀漢」。秦惠王命司馬錯伐蜀，又修建了從陝西襃城襃谷到郿縣（今眉縣）斜谷的襃斜棧道，成為巴蜀通秦川的主要幹道。

　　秦始皇強調「車同軌、書同文」[162]，修建了以咸陽為中心、四通八達的馳道、直道、「五尺道」、「新道」。《漢書‧賈山傳》載：「為馳道於天下，東窮燕齊，南極吳楚，江湖之上，瀕海之觀畢至。道廣五十步，三丈而樹。」漢代道路發展的最大成就，是開闢了舉世聞名的「絲綢之路」，使古代經商、旅遊有了鮮明的外向性特色。唐代沿路設定土堆，名為堠，以記里程，是今天里程碑的濫觴。漢、唐、明、清等各代皇朝，均有為傳車、驛馬通行的、四通八達的交通大道，沿途還設立了驛站，因此稱作「驛道」。清末，汽車公路興起後，傳統的驛道仍發揮作用，有些至今遺跡猶存。

---

[162]　〈禮記‧中庸〉，載《十三經註疏》，北京：中華書局，1980 年影印版。

二、旅店

旅店是行人食宿和休息的場所，稱作館、傳、逆旅、驛站、傳舍、客舍。

《說文五下‧食部》稱：「館，客舍也。」

《釋名》[163]：「傳者傳也，人所止息而去，後人復來，轉相傳，無常人也。」

古代供傳遞公文的人或來往官員途中歇宿、換馬的處所稱作驛站。

先秦時期，國野道路上的館驛已經很完善了。《周禮‧地官‧遺人》載：「凡國野之道，十里有廬，廬有飲食；三十里有宿，宿有路室，路室有委；五十里有市，市有侯館，侯館有積。」廬、路室、侯館都是道路上飲食、住宿等服務性設施，可以說是早期的驛站。

先秦兩漢時期的驛站，也稱作「傳舍」。《史記‧廉頗藺相如列傳》載：「舍相如廣城傳。」《史記‧酈生陸賈列傳》載：「沛公至高陽傳舍。」、「廣城」、「高陽」，都是秦國和秦朝傳舍的名稱。

漢朝的驛站分為郵、亭、驛、傳四類，大致上5里設郵，10里設亭，30里設驛或傳，傳舍之間約1天的路程。《後

---

[163] 《太平御覽》卷一九四〈居處部二二‧傳舍〉引，北京：中華書局，1960年影印版。

漢書‧光武帝紀》載:「光武乃自稱邯鄲使者,入傳舍。」

唐朝還在水路設定水驛。驛有驛田,設驛長,置車、馬、船和當役的役夫。唐玄宗開闢了從長安到嶺南的驛道,沿途驛站的驛馬像接力棒一樣為楊貴妃傳送荔枝,送到長安,色味不變。詩人杜牧〈過華清宮〉寫道:「一騎紅塵妃子笑,無人知是荔枝來。」

明代錢穀繪〈梁店驛〉

古代私人旅店叫「客舍」、逆旅、客邸、店肆、客棧。

《史記‧商君列傳》載,秦國商鞅變法失敗後遭追捕,逃到函谷關下,「欲捨客舍,客人不知是商君也,曰:『商君之法,舍人無驗者坐之。』」、「驗」即官府頒發的憑證。這

種客舍是私人的旅店，如果是官府的驛站，商鞅不會去自投羅網。唐朝亦稱客舍，上述「餞飲送別」處的王維詩：「客舍青青柳色新。」

逆旅之稱，也起於先秦。《史記·齊太公世家》載，姜太公被封到營丘（今山東臨淄），「東就國，道宿行遲，逆旅之人曰：『吾聞時難得而易失，客寢甚安，殆非就國者也。』太公聞之，夜衣而行，黎明至國。」姜太公剛到齊地，所住的這個「逆旅」不可能是諸侯的館驛，而是私家的旅店。從文中可知，行走住旅店者，也稱「逆旅之人」。《莊子·山木》載：「陽子之宋，宿於逆旅。」《郭林宗別傳》[164] 載：「林宗每行宿逆旅，則躬灑掃，及明去後，人至見之曰：『此必郭有道昨宿處也。』」這裡的逆旅，也都是私人旅店。

客邸也是旅店。《宋史·黃榦傳》載：「榦因留客邸。」古代還有一種邸店，是城市中供客商堆貨、寓居、進行交易的行棧，也有旅店的性質。南朝梁臨川王蕭宏在建康開設的邸店有數十處。《隋書·食貨志》載，北齊後主時，「給事黃門侍郎顏之推奏請，立關市、邸店之稅。」足見其數量之多。

---

[164] 《太平御覽》卷一九五〈居處部二三·逆旅〉引，北京：中華書局，1960 年影印版。

〈清明上河圖〉沿街店鋪的情景

　　唐人杜佑描寫唐朝的店肆說：「東至宋、汴，西至歧州，夾路列店肆待客，酒饌豐溢。每店皆有驢賃客乘，倏忽數十里，謂之驛驢。南詣荊、襄，北至太原、范陽，西至蜀川、涼府，皆有店肆，以供商旅。遠適數千里，不持寸刃。」[165]

　　明清時期的旅店也稱客棧，現在仍沿襲這一名稱。章炳麟《新方言·釋宮》講：「行旅所止之屋，謂之客棧。」

三、長亭

　　《釋名·釋宮室》稱：「亭，停也。人所停集也。」《風俗通》[166]講：「漢家因秦，大率十里一亭。亭，留也。今

---

[165]　（唐）杜佑：《通典·食貨·歷代盛衰戶口》，北京：中華書局，1988年版。
[166]　《太平御覽》卷一九四〈居處部二二·亭〉引，北京：中華書局，1960年影印版。

語有亭留、亭待。蓋行旅食宿之所館也。亭亦平也,民有訟
諍,吏留辯處,勿失其正也。」

　　由此可知,十里長亭出自漢代的「十里一亭」,本是驛
道上的短程驛站,官吏有時候也在此處理訟諍。後來每五里
有一短亭。白居易《白氏六帖》卷九稱:「十里一長亭,
五里一短亭。」李白〈菩薩蠻〉曰:「何處是歸程,長亭更
短亭。」由於古時多在此停留送別,所以有了長亭送別的說
法。南宋詞人何夢桂〈摸魚兒〉言:「記年時、人人何處,
長亭曾共杯酒。酒闌歸去行人遠,折不盡長亭柳。」元朝王
實甫《西廂記》中的道白:「今日送張生赴京,紅娘快催小
姐,同去十里長亭。」

● 第六節
中國行旅風俗觀覽

中國古代的出行和旅遊，有如下特點：

一、停留在「中國內」、「海內」的旅行範圍

　　農業社會和半封閉的大陸環境造就了中國人含蓄而內斂、穩健而保守的旅遊風格，也形成了重近遊、輕遠遊的旅行風尚，從而導致其旅遊足跡基本停留在了「中國內」、「海內」。

　　中國古人憑藉土壤肥沃、氣候溫和等優越的自然條件，精耕細作，大力發展農業生產，形成了自給自足的農耕型自然經濟。農民日出而作，日落而息，追求的是「在自己的故土從事周而復始的自產自銷的農業經濟所必須的安寧和穩

定」[167]，對土地的深深眷戀使中國人養成了穩健內斂、安土重遷的旅遊性格，對遠距離旅遊心存恐懼，少有冒險色彩。元佚名在《硃砂擔》楔子中引述古人言：「離家一里，不如鄉里。」清吳趼人在《情變》卷一中寫道：「在家千日好，出外一朝難。」這種出門困難重重的戀鄉情結，阻礙了人們的外出旅行，結果就如梁實秋所說：「中國人是最怕旅行的一個民族。」[168] 王維的「西出陽關無故人」，孟浩然的「天涯一望斷人腸」，吳敬梓的「蒼茫去鄉國，無事不傷情」，都是這一心境的寫照。

從地理環境上講，中國文化發源於黃河和長江流域，中國大陸東南是長長的海岸線，西南是橫斷山脈的天然屏障，北方又有茫茫無邊的草原、沙漠。滄海茫洋與高山大漠使中國長期處於封閉狀態，阻礙了中國的對外發展，使中國古人的旅遊足跡基本停留在「海內」，海外旅行裹足不前。如《後漢書·西域傳》載，甘英出使大秦，到達條支，臨大海，遠至波斯灣頭，本想渡海，只因聞「海中善使人思土戀慕，數有死亡者」，於是望而卻步。

古代交通工具主要是以自然力、人力、畜力為主的船、

---

[167]　張岱年，方克立：《中國文化概論》，北京：北京師範大學出版社，2003 年版，第 272 頁。

[168]　梁實秋：《梁實秋散文精品》，浙江：浙江文藝出版社，1992 年版，第 59 頁。

轎子、車等,「行路難」困擾了古人的出行。李白的《行路
難・其一》描述行路的艱辛說:「欲渡黃河冰塞川,將登太
行雪滿山。閒來垂釣碧溪上,忽復乘舟夢日邊。行路難,行
路難,多歧路,今安在?長風破浪會有時,直掛雲帆濟滄
海。」所以人們旅行一般徘徊於國內。

在古代,古人走出國外的旅行記錄與外人入華記錄相
比,無論是在數量、規模,還是持續時間上,都不能望其項
背。鍾叔河在《走向世界》一書中就這樣說過:「從西元
166 年大秦始通中國算起,之後整整一十五個世紀中,只見
歐洲人『自西徂東』來到中國,不見中國人『自東徂西』去
到歐洲。在中國同歐洲人員交往的歷史上,這是一個自西徂
東的時代。」[169]

「露從今夜白,月是故鄉明。」中國人盡量不出遊、少出
遊,實在要出遊,也是在中國大陸範圍內,一般不會出海。
在中國古代的各類旅遊中,除官員、商人、僧道之遊中有極
少航海旅行的成分外,一般都是內陸旅遊。雖然有鄭和七下
西洋、出海遊歷的壯舉,但也只是曇花一現,很快在海禁政
策的打壓下歸於沉寂。中國人對大海總有一種畏懼的心理,
孔子的「道不行,乘桴浮於海」[170],是在走投無路中發出

---

[169]　鍾叔河:《走向世界》,北京:中華書局,1985 年版,第 15 頁。
[170]　〈論語・公冶長〉,載《諸子整合》,上海:上海書店,1986 年影印版。

來的絕望念頭。明代開明思想家李贄更是堅持「非生長於海者，不可以履於海」的觀點。

二、層次鮮明的旅遊主體

從旅行主體看，中國古代的旅遊有著明顯的層次性，上層社會成員是旅遊的主體，下層民眾絕無旅遊的「非分之想」。

中國古代的旅遊類型有帝王的巡遊，外交官的出使之遊，文人士大夫的遊學、遊宦，商人的商務旅行，僧道的宗教之遊，普通民眾的節日民俗遊等等。旅遊主體基本以上層社會成員為主，社會下層民眾的出遊則受到種種限制，不同於今天現代旅遊的「全民性」特點。

中國歷代的封建王朝都利用嚴格的戶籍和里甲制度控制人身，用「重農抑商」政策牢牢地將農民附著於土地上，大大限制了基層民眾的正常出遊。如周代「凡通達於天下者必有節，以傳輔之」，否則「不得通達於天下」[171]。戰國商鞅在《商君書·墾令》中下令廢除私人旅店，認為「廢逆旅，則奸偽、躁心、私交、疑農之民不行。逆旅之民無所於食，則必農」。漢代時實行關禁制度，出入關卡時，只有持有通行

---

[171] 〈周禮·地官·掌節〉，載《十三經註疏》，北京：中華書局，1980 年影印版。

證書「符傳」，合之才能過。明清時實行海禁政策，嚴禁私人出海旅行。從總體上看，古代旅遊法規大多是限制基層群眾出遊的，如南宋葉適說：「古之善政者，能防民之佚遊，使從其教」[172]，就反映了古代統治者對百姓旅遊的抑制態度。

宗法血緣和倫理秩序對古代旅遊尤其是下層社會起著深層的抑制作用。宗法制講究同族聚居，使中國人產生了重血緣、重鄉土的社會心理。除非極端嚴重的戰亂或災荒，下層民眾是決計不願背井離鄉的。孔子主張「父母在，不遠遊」、「三年之喪練，不群立，不旅行」[173]，孟子講「死徙無出鄉」，這些金科玉律如繩索般層層捆匝在人們身上，大大束縛了青年後生的外出行旅。在敦煌變文〈子與項橐相問書〉中項橐對孔子說：「吾不遊也，吾有嚴父，當須待之；吾有慈母，當須養之；吾有長兄，當須順之；吾有小弟，當須教之。」《晉書·趙至傳》載，趙至「又將遠學，母禁之」。明代邵璨也在小說《香囊記》中寫道：「語云：『父母在，不遠遊』。孩兒情願在膝下習些孝悌之道，不敢違親遠出。」可見年輕人並非不願外出旅遊，而是不敢違親遠出。

受上述宗法倫理觀念的影響，現代中國人的旅遊則充滿血緣親情特色，一般是扶老攜幼，闔家共遊。

---

[172]　葉適：〈醉樂亭記〉，載《葉適集》，北京：中華書局，1961 年版。

[173]　〈禮記·曾子問〉，載《十三經註疏》，北京：中華書局，1980 年影印版。

三、重收穫和「天人合一」的旅遊價值觀

在旅遊價值觀上，西方人多注重休閒、娛樂和感情釋放，中國人則多注重實惠、收穫和觀物比德。在旅遊審美上，西方人注重「動觀」，強調人與自然的對立，偏向於征服自然的參與性行為；中國人注重「靜觀」，講求「天人合一」，強調人與自然的和諧，偏向於身心與自然山水的交融。

西方人處在激烈競爭的工商業文明中，充滿了來自各方面的壓力，旅遊為他們提供了一個放鬆身心、發洩內心鬱悶和壓力的機會。只有在冒險、獵奇的旅遊狂歡中，才能忘卻殘酷的競爭，放鬆和緩解一下自己緊張的神經。因此，他們喜歡尋求刺激，對漂流衝浪、滑翔跳傘、滑雪高空彈跳、攀岩爬壁等征服自然、展現自我的、刺激玩命的旅遊項目特別感興趣。

中國人的旅遊重實惠、求收穫，這主要來自傳統的消費觀念。中國人量入為出，儲蓄意識強烈，重視有形的、實用物品的消費，輕文化娛樂消費。由於旅遊消費在相當程度上是一種文化娛樂消費和勞務消費，因而被視為可有可無的奢侈品，最多只能偶爾為之，這也是中國人旅遊動機相對疲弱的原因。中國古代幾乎沒有單一意義的純旅遊，遊學、遊宦、遊商卻很盛行，即都是在仕宦、出使、求知、求婚、經商、探親訪友中順帶旅遊。古人常講的「行千里路，讀萬卷書」，東漢班彪在〈冀州賦〉中講的「歷九州而觀風，亦哲人之所娛」，明確點

出了旅遊在豐富閱歷，增長知識方面的收穫。直到現在，中國人出外旅遊首先想到的是到目的地購買廉價、實惠的特產。孔子在《論語‧雍也》中講：「知者樂水，仁者樂山；知者動，仁者靜；知者樂，仁者壽。」他肯定了遊覽山水能給仁人君子以美的藝術享受，但更應在遊觀中獲得品德的陶冶，這就是儒家觀物比德的旅遊價值觀，即旅遊也要在道德上有收穫。

　　中國的旅遊是一種「靜觀」的審美活動，注重內心關照、心靈體驗，用「身心」越過表層去進行深層次的觀賞和體驗，品味自然山水內在的神情、氣韻和品格，在欣賞自然的同時抒情言志。因此，追求人與自然的交融，偏重於物我合一、神與物遊，就成為中國旅遊審美的主旨和徜徉山水的最高境界。孔子弟子曾點（皙）闡述自己的春遊觀說：「暮春者，春服既成，冠者五六人，童子六七人，浴乎沂，風乎舞雩，詠而歸。」[174] 沐浴在春風中載歌載舞，從而達到投身於大自然之中的忘我境界。基於這一審美選擇，西方那些玩命、驚險、刺激、冒險的旅遊項目是不會受歡迎的。

四、行旅中感悟出的智慧

　　中國人善於從行旅、舟車中引發和體驗人生哲理，並將其納入人生吉凶禍福、處世原則、治國方略之中。

---

[174]　〈論語‧先進〉，載《諸子整合》，上海：上海書店，1986 年影印版。

（一）人生哲理的體驗

中國的許多人生哲理都與行旅有關，像「前有車，後有轍」、「車到山前必有路」、「你走你的陽關道，我走我的獨木橋」等等。

1. 同舟共濟

中國人向來就有這樣的傳統：越是面臨艱險、危機，就越發萬眾一心、同仇敵愾。乘船遇到風浪，在船翻人亡的緊要關頭，更是如此。《孫子·九地》講的「投之亡地然後存，陷之死地然後生」，就是利用了這一群體心理。

《鄧析子》曰：「同舟涉海，中流遇風，救患若一，所憂同也。」

《孫子·九地》載：「夫吳人與越人相惡也，當其同舟而濟，遇風，其相救也，如左右手。」

2. 立身、行道、學問

《老子》第六十四章云：「千里之行，始於足下。」

屈原〈離騷〉曰：「路漫漫其修遠兮，吾將上下而求索。」

《文子》載：「舟浮江海，不為莫乘而沉；君子行道，不為莫知而止。」

《莊子·逍遙遊》載：「水之積也不厚，則其負大舟也無力。」

《莊子・天下》載:「惠施有方,其書五車。」

《荀子・勸學》載:「不登高山,不知天之高也;不臨深谿,不知地之厚也;不聞先王之遺言,不知學問之大也。」

譙周《法訓》載:「以道為天下者猶乘安舟而由廣路。安舟難成,可以久處也。廣路難至,可常行也。」

關於立身行道,韓愈在〈送李愿歸盤谷序〉中還用舉足行步諷刺了一些「伺候於公卿之門,奔走於形勢之途」的勢利小人,叫做「足將進而趑趄(ㄗ ㄐㄩ),口將言而囁嚅」。

(二)個體品格的自律

《禮記・表記》載:「君子不失足於人。」儒家的道德人格思想,強調個體品格的完善、高揚及其主動性、獨立性,使中國的行旅風俗帶有鮮明的倫理道德特徵。

上述「父母在,不遠遊」、「三年之喪,練不群立,不旅行」說明,旅遊行為還必須符合忠孝節義、禮樂教化等禮儀規範,必須展現對父母的孝道。《尚書・酒誥》講得更明確:「牽車牛遠服賈,用孝養厥父母。」

「楊朱泣歧」的典故,更是反映了行旅風俗中個體品格的自律。

《荀子・王霸篇》載:「楊朱哭衢塗(途)曰:『此夫過舉跬步而覺跌千里者夫!』哀哭之。」楊朱是戰國魏國人,當他走到交通四出的衢路時,感到這也是人生的十字路口,

一兩步之錯，將差之千里，不覺悲哀得哭了。

《淮南子·說林訓》載：「楊子見逵路而哭之，為其可以南，可以北；墨子見練（白）絲而泣之，為其可以黃，可以黑。」

《呂氏春秋·慎行論·疑似》講，「悲歧路」的是墨子而不是楊朱：「墨子見歧道而哭之。」但後人多認同楊朱。三國阮籍〈詠懷〉曰：「楊朱泣歧路，墨子悲染絲。」五代李翰〈蒙求〉詩：「墨子悲絲，楊朱泣歧。」後常用「楊朱泣歧」來表達對誤入歧途的感傷憂慮，失之毫釐，差之千里，或描寫離情別緒。如明人楊儀《明良記》講：「唐解元寅既廢棄，詩云：一失足成千古笑，再回頭是百年人。」《禮記·經解》稱：「君子慎始，差若豪（毫）厘，繆（謬）以千里。」唐詩人王勃〈杜少府之任蜀州〉言：「無為在歧路，兒女共沾巾。」

（三）治國方略的感悟

中國古代還把行旅中感悟出的名言至理運用到治國方略中，像「前車之鑑」、「載舟覆舟」、因勢利導等，都成為後來統治者的共識。

1.「重勢」和因勢利導

戰國法家中重「勢」的思想，就是從乘車載舟，周行天下中感悟出的道理。

《慎子》曰：「燕鼎之重乎千鈞，乘於吳舟，則可以濟，所託者浮道也。」、「行海者生而至越，有舟也；行陸者立而至秦，有車也。秦越遠途也，安坐而至者，械也。」

《鄧析書》載：「舟行於水，車轉於陸，此勢自然者也。」

《韓子》載：「千鈞得船則浮，錙銖失船則沉。非千鈞輕而錙銖重也，有勢之與無勢也。」

杜夷《幽求》曰：「輕舟可以救溺，濡幕可以濟焚。」

2. 載舟覆舟

《荀子·王制》曰：「君者，舟也；庶人者，水也。水則載舟，水則覆舟。」

《家語》曰：「舟非水不行，水入舟則沒；君非民不治，民犯上則君危。」[175]

《漢書·賈誼傳》曰：「前車覆，後車誡。」

3. 奔車之上無仲尼，覆舟之下無伯夷

古人還從「奔車覆舟」中感悟出社會安定和諧對道德塑造的重要性。《韓非子·安危》講：「奔車之上無仲尼，覆舟之下無伯夷。號令者，國之舟車也，安則智廉生，危則爭鄙

---

[175] 　上述凡「四、行旅中感悟出的智慧」中有關舟的引文，凡無篇名者，均為《太平御覽》卷七六八、卷六七九〈舟部·敘舟〉引，北京：中華書局，1960 年影印版。

起。」意思是說，馬受驚或遇到陡坡而狂奔的車上，翻了的
船下，人們各顧逃生，沒有孔子、伯夷那樣講仁、義、廉、
恥的人。國家的號令就像舟車，安定才會有仁義禮智和廉
恥，危亂則產生爭鬥，導致道德淪喪。

4. 車服以庸

《尚書·舜典》載：「敷奏以言，明試以功，車服以
庸。」意思是，使用官吏要先聽取他的言論，再交給他任務
進行考察，最後用車服表揚他的功勞。漢代的安車駟馬，後
來的肩輿，都成為皇帝優寵大臣的措施。

另外，像「明修棧道，暗度陳倉」等軍事謀略，「逆水
行舟，不進則退」的哲理，都是在行旅中創造出來的。

歲時風俗

　　歲時風俗即年、季、月、節氣、候、日、時、更、刻等時間體系，以及觀測、區分、使用這些歲時的曆法、器具、名稱、習慣等。它是人類對宇宙、光陰的認知水準發展到一定階段的產物，其形成是一個歷史積澱的過程。它反映著一定時代人們的生活方式、心理特徵、審美情趣和價值觀念。正是因為有了它，人們才年復一年、月復一月、日復一日地沿著歷史的長河走過來了。

● 第一節
年、月、季和古代的曆法

歲時來自古代的曆法，而曆法又與農業生產緊密相連。堯的時候，「乃命羲和，欽若昊天，曆象日月星辰，敬授民時」[176]。即堯命令羲和，遵守上天的旨意，根據日月星辰的執行來制定曆法，確定年、月、日、時。

敬授民時圖
選自《欽定書經圖說》，
清代孫家鼐等編

---

[176] 〈尚書・堯典〉，載《十三經註疏》，北京：中華書局，1980 年版。

一、年、月、季

年在古代有多種名稱，《爾雅・釋天》載：「夏日歲，商日祀，周日年，唐虞日載。」

古代很早就知道，將月亮盈虧一個週期、亦即月亮繞行地球一週作為一個月，也叫「朔望月」，把莊稼成熟的一個週期，即春播秋獲稱作一年。所以，古代先有春秋，後有冬夏，春秋就代表一年，孔子寫的歷史就叫《春秋》。東漢鄭玄註釋《詩・魯頌・閟宮》中的「春秋」說：「春秋，猶言四時也。」年在古代寫作「季」，《說文七上・禾部》載：「季，谷熟也。」莊稼收成好，叫「有年」。《穀梁傳・宣公十六年》載：「五穀大熟，為大有年。」至今人們仍把莊稼豐收稱作「年成好」。

中國古代曆法不純屬陰曆，是一種陰陽合曆[177]，月的概念是陰曆，年的概念是陽曆。實際上地球繞太陽公轉 1 周的時間約為 365.2425 天，而月亮盈虧 12 個週期，即 12 個月的時間平均是 354.3672 天，比它少了約 10.8753 天，積 3 年就多出了 1 個多月。對於陽曆、陰曆，古人並不清楚，但陰曆的月和陽曆的年的矛盾，他們卻能直觀地發現。比方原來 3

---

[177] 春秋戰國到秦朝，中國古代共有黃帝曆、顓頊曆、夏曆、殷曆、周曆、魯曆 6 種曆法，其共同特點是以 365+1/4 日為一個回歸年，由於分母中有 4，故又稱為四分曆；以 29+499/940 日（29.530851）為一朔望月；19 年 7 閏。六曆的差別主要是歲首和施行地區不同。

月播種，3 年後就成了 4 月了，再往下延續，就成了 10 月播種了。為了解決這個矛盾，商代開始置閏，即每 3 年設一個閏月。《尚書‧堯典》云：「以閏月定四時，成歲。」孔穎達疏曰：「一歲有餘十二日，未盈三歲足得一月，則置閏焉。」春秋時期又確定了 19 年 7 閏法，來調整陰曆的月，讓它與陽曆的年同步。

商周時期，一般把閏月放在年末，稱作「十三月」。秦朝使用的《顓頊曆》以十月為歲首，九月是年末，閏月叫「後九月」。秦漢以後，隨著曆法的逐步精密，安置閏月的曆法更加準確合理，把不含中氣的月分作為閏月，直到今天仍然使用。

《周易‧節》載：「天地節而四時成。」天地有節而形成了春、夏、秋、冬四時，也稱四季。中國曆法發展史經過「觀物象」、「觀星象」等階段。顧炎武《日知錄》卷三十〈天文〉講：「三代以上，人人皆知天文。」這是觀星象。透過觀星象，人們確定，黃昏時北斗星斗柄指向東方是春天，黃昏時北斗星斗柄指向南方是夏天，指向西方是秋天，指向北方是冬天。由此來確立一年的四季。孔子講：「天何言哉，四時行焉，百物生焉。」[178] 四時就是由春播秋獲和觀星象產生的。

---

[178] 〈論語‧陽貨〉，載《諸子整合》，上海：上海書店，1986 年影印版。

中國傳統的農曆把一年分為 12 個朔望月，一年四季，每季 3 個月。《周禮》[179] 曰：「凡四時成歲，歲者春、秋、冬、夏，各有孟、仲、季，以名十有二月。」古代除用正月、二月、三月等序數紀月外，還用四季來命名一年的 12 個月。春天的 3 個月稱孟春，仲春，季春；夏天的 3 個月稱孟夏、仲夏、季夏；秋天的稱孟秋、仲秋、季秋；冬天的稱孟冬、仲冬、季冬。

農曆的第一個月也稱正月。《春秋·隱西元年》言：「元年，春，王正月。」西晉杜預注曰：「凡人君即位，欲其體元以居正，故不言一年一月也。」可知正月的「正」是人君常居正道，以施政教之義。農曆十一月又稱冬月，是因為在沒有閏月的情況下，冬至一般在這個月。從秦朝開始把農曆十二月稱為「臘月」，後世因之。《史記·陳涉世家》載：「臘月，陳王之汝陰。」《風俗通義·祀典》載：「臘者，獵也，言田獵取禽獸，以祭祀其先祖也。或曰：臘者，接也，新故交接，故大祭以報功也。」農曆十二月獵取禽獸以祭祀祖宗神靈，辭舊迎新，故稱臘月。

現在無論是農曆還是陽曆，都有某月上旬、某月中旬、某月下旬的說法。這一歲時風俗，遠古就有。

---

[179] 《太平御覽》卷一七〈時序部二·四時〉引，北京：中華書局，1960 年影印版。

中國古代用天干紀日，每 10 日周而復始，所以遠古時期就以 10 天為「旬」。《尚書·堯典》稱：「期，三百有六旬有六日。」《莊子·逍遙遊》中也使用了「旬」的概念：「旬有五日而後反（返）。」

唐朝時即把每月的前 10 天稱作上旬，第二個 10 天稱作中旬，餘下的天數稱作下旬。唐人段成式《酉陽雜俎》卷十七〈廣動植之二·蟲篇〉載：「蚺蛇……其膽上旬近頭，中旬在心，下旬近尾。」

唐朝官吏每 10 天休息洗沐一次，稱作「休浣」、「休沐」，後因稱每月上、中、下旬為上浣、中浣、下浣。《新唐書·劉晏傳》載，劉晏「質明視事，至夜分止，雖休浣不廢」。明人楊慎《丹鉛錄》載：「俗謂上浣、中浣、下浣為三浣，蓋本唐制十日一休沐，而今猶襲之也。」

值得注意的是，「旬」在古代有十、周、滿等多種含義。「旬月」指整一個月，也指 10 個月。《三國志·魏書·涼茂傳》云：「旬月之間，襁負而至者千餘家。」是指一個月。《漢書·車千秋傳》云：「旬月取宰相封侯，世未嘗有也。」是指 10 個月。「旬年」與「旬月」同樣。《後漢書·何敞傳》稱：「旬年之間，歷顯位，備機近。」《漢書·翟方進傳》云：「旬年間，免兩司隸。」都是指一年。顏師古注曰：「旬，遍也，滿也。旬歲，猶言滿歲也。」而我們說的七旬大

慶，則是指 7 個 10 年，即 70 歲。《三國志・魏書・劉廙傳》
云：「修之旬年，則國富民安矣。」這個「旬年」即 10 年。

農曆的朔望月，每月初一稱作「朔」，月亮和太陽同時從東
方升起，從地面看不到月亮任何明亮的部分；每月十五月圓，
稱作「望」，十六稱作「既望」；每月最後一日稱作「晦」。

二、農曆和陽曆

世界上的曆法有三類：第一類是陽曆，全稱叫太陽曆，
又稱公曆，中國也稱「國曆」。陽曆力求年的長度精確地與
地球繞太陽公轉週期 365.2425 天相符合，月的長短則是人為
決定，與月亮圓缺無關。現代各國通用的公曆就是由陽曆改
編而成的。第二類是陰曆，全稱叫太陰曆，以月亮的月相週
期、即朔望月 29.5306 為 1 個月，大月 30 天，小月 29 天，
12 個月為 1 年，1 年 354 天或 355 天。第三類是陰陽合曆，
努力調和陰陽，既保證每年的時間與地球公轉的時間相同，
又力求一月的週期與月亮執行的週期相等，中國傳統的曆法
就是陰陽合曆，稱作農曆、舊曆、陰曆、夏曆、華曆、漢
曆、中曆等。把它稱作陰曆，只是約定俗成的稱呼，其實它
不是嚴格的陰曆。

採用陽曆是辛亥革命以來中國歲時節慶最明顯的變化。
1912 年 1 月 1 日，中華民國臨時大總統孫中山通電各省，中

華民國改用陽曆,以 1912 年 1 月 1 日(黃帝紀元四千六百零九年十一月十三)為中華民國元年元旦。至此,中華民國政府,以及報紙、電訊傳播處等單位,均採用陽曆。從此,中國開始了兩曆並行的歷史。中華民國二十三年山東《夏津縣志續編》載:「民國肇始,改用陽曆……迨黨國統一,有鑑於斯,稱國曆以示鄭重,訂罰則以嚴遵守,唯各界狃於習慣,廢曆節序依舊舉行。」中華民國二十三年山東《臨清縣志》[180] 載:「授時之典,政府頒行者曰『國曆』,即『陽曆』;民間沿用者曰『夏曆』,即『陰曆』。」

中國傳統的農曆有現代陽曆所不具備的優點:

第一,能較好地與四季對應,歲首正月是春天的第一個月,歲末臘月是冬天的最後一個月,一年四季,一季三個月,四季分明。

第二,能準確地反映月相,每月的朔日(初一),從地面看不到月亮任何明亮的部分;每月的望日(十五),必定是月圓。

第三,能準確地計算大海的潮汐漲落。沿海百姓都知道一句「初一十五兩頭乾」的諺語,意思是每逢初一、十五,早上和傍晚總是退潮。

---

[180] 丁世良、趙放主編:《中國地方志民俗資料彙編》華東卷上引,北京:書目文獻出版社,1995 年版,142、340 頁。

　　然而，農曆又有許多明顯的缺點：

　　第一，有不確定閏月，有了閏月一年就有十三個月，二十五個節氣，會出現雙春年。而農曆平年中，有的年分只有二十三個節氣，二十四節氣唯獨少了個立春，叫「無春年」。

　　例如，農曆 2017 年閏六月，正月初七立春，臘月十九又立春，是雙春年。農曆 2018 年正月沒有立春，但臘月三十是立春。2019 年則是無春年。農曆 2020 年閏四月，正月十一立春，臘月廿二又立春，是雙春年。農家在長期觀察中發現，雙春年豆類作物往往歉收，民諺叫做「一年兩頭春，帶角的貴齊金」[181]。

　　第二，農曆一年長度長者達 385 天，短者只有 353 天，誤差太大。農曆的 2017 年閏六月，一個農曆年有 384 天。

　　陽曆的優點有：

　　第一，具有世界通用性，在時間上和世界同步；

　　第二，月數、天數固定，置閏規則，歷年只有 365 日和 366 日兩種，誤差很小。「一三五七八十臘，三十一天永不差；四六九冬三十天，唯有二月二十八。」說的就是陽曆的準確性。

---

[181]　丁世良、趙放主編：《中國地方志民俗資料彙編》華東卷上引中華民國二十三年《夏津縣志續編》，北京：書目文獻出版社，1995 年版，第145 頁。

　　第三，由於陽曆沒有閏月，二十四節氣在哪個月、哪一天基本是固定的。中國傳統的二十四節氣，用公曆計算更為準確。所以，中華民國實行陽曆以來，二十四節氣歌很快形成。

　　當然，陽曆也有不可克服的弱點：

　　第一，歲首元旦沒有明顯的物候標誌，春天從陽曆 2 月開始，一年之初春打頭，讓人在感覺上就很彆扭。

　　第二，陽曆的月不反映月亮的圓缺變化，與月亮毫無關係，不是真正意義的月。

　　農曆、陽曆各有短長，兩曆並用互補才能綜合兩種曆法的優點而避免其缺點。例如，古人發現，如果立秋來得晚，天氣炎熱，必定莊稼豐收。來得早則天氣涼得早，不利於莊稼生長。農諺講：「六月秋，樣樣丟；七月秋，樣樣收。」正因為陰曆不準確，才出現六月立秋、七月立秋的不固定現象。如果純用陽曆，立秋永遠在 8 月 8 日前後，根本沒有六月秋、七月秋，這句農諺就「死」了，或者說失去它的意義了。

　　然而，兩曆並用又導致了一種重複、荒唐的現象：一年過陽曆年、農曆年兩個年，放兩次年假，不僅不覺得滑稽、荒唐，反而覺得理所當然。若按此邏輯推理，所有的節日都有陰、陽兩個日期，都可以一年過兩次，兩個清明、兩個端

午、兩個中秋節。一人一年可以過兩次生日，如果碰上閏月，還可以過三次。一個死人一年有兩個忌日，他要死兩次或者死三次。然而，風俗文化本身就具有矛盾組合性，是不能較真的。

● 第二節
一日之內的計時

　　古代一日之內的計時，與六十甲子緊密相關。在沒有鐘錶的情況下，時刻的確定，白天看太陽，晚上看星星，準確的時刻則要靠日晷和漏刻。

一、六十甲子

　　六十甲子又稱六十花甲子，從商周到秦漢，逐漸把它推廣到紀日、紀時、紀年、紀月當中。商周時期已有甲、乙、丙、丁、戊、己、庚、辛、壬、癸共 10 個傳說的太陽名，稱作「天干」、「十干」；又有子、丑、寅、卯、辰、巳、午、未、申、酉、戌、亥共 12 個月名，稱作「地支」，二者合稱「干支」。當時是用干支循環組合紀日，甲子、乙丑、丙

寅……60 日一循環。孔子的《春秋》，左丘明的《左傳》，公羊高的《公羊傳》都用干支紀日。如《左傳·僖公五年》載：「冬十二月丙子朔。」用「丙子」紀十二月初一。以此類推，「丁丑」是十二月初二，「戊寅」是初三……。《左傳·襄公十九年》又載：「夏五月壬辰晦，齊靈公卒。」用「壬辰」紀五月三十日。到了東漢，正式用干支紀年。這樣紀年、紀日、紀時，都用六十甲子了。

干支紀月用得不太普遍，只是後來星相家用來推算八字。舊時星相家以人出生的年、月、日、時為「四柱」，合四柱之干支即為人的生辰「八字」。比方說，農曆 1911 年 10 月 10 日 12 時是辛亥年、己亥月、甲辰日、庚午時，如果出生在這個時刻，他的「八字」就是「辛亥己亥甲辰庚午」。

二、日晷和漏刻

有些時刻雖然可以靠雞鳴、日出、隅中、日中、日昳、日入、黃昏等天色變化和禽獸活動來判斷，但精準地劃分，或者是在陰天看不到太陽、星星時，則要靠日晷和漏刻。

日晷的「日」指太陽，「晷」是影子，日晷的意思為「太陽的影子」。日晷也指白天測日影，定時間的儀器。

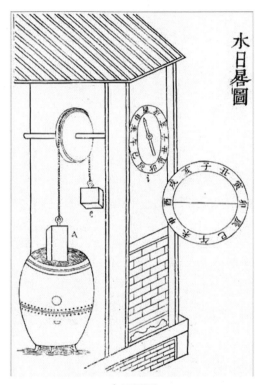

水日晷圖
選自《古今圖書集成》

　　最古老的日晷叫土圭，在地上垂直立一根桿子，以觀察
太陽投射的影子。後來用玉製作，仍稱土圭。《周禮・地官・
大司徒》稱：「以土圭之法測土深，正日景（影）。」又《周
禮・春官・典瑞》云：「土圭以致四時日月。」

　　日晷由晷盤和晷針組成。晷盤是一個帶刻度的石圓盤，
中央裝一根與盤面垂直的銅晷針，也稱作「表」。北京故宮

太和殿前的明代日晷，至今猶存。大家知道，一天的日影在不斷地改變。北半球早晨的日影在西方，影子最長，隨後逐漸變短。中午日影在北方，影子最短，隨後又重新變長。傍晚日影在東方。日晷不僅能根據白天日影的長短或方向準確顯示出白天的時辰，還可根據一年日影的長度測量出夏至、冬至、春分、秋分的準確時間。尤其是制定曆法，更是不可缺少的儀器。《漢書·律曆志上》載，西漢武帝時，命公孫卿、司馬遷等人「議造漢曆，乃定東西，立晷儀，下漏刻」。「晷儀」即日晷。

北京故宮太和殿前的明代日晷

由於日晷必須依賴日照，不能用於陰天和黑夜，因此周代又有漏刻相配。《周禮·夏官·挈壺氏》曰：「凡軍事，懸

壺以序聚柝。」東漢鄭玄注曰：「鄭司農云：懸壺以為漏。」挈壺氏就是周代專司漏刻的官員。

漏刻又稱「漏壺」、「刻漏」、「壺漏」、「玉漏」，是用漏壺計時的儀器，與日晷合稱「表漏」、「晷漏」。漏壺有一個貯水壺和一個受水壺，受水壺裡有帶浮標的立箭，刻有刻度，立箭隨蓄水逐漸上升，露出刻數，以顯示時間。西漢初的漏刻只有一個貯水壺，水壓變化大，計時的精準度較低。元朝延祐（西元 1314—1320 年）年間曾出現四個貯水壺的漏刻。四個銅壺自上而下疊置，最上面的銅壺裝滿水後依次滴入以下各壺，避免了壺內水壓變化而滴水不均勻的現象，提高了計時的精度。

古代把一晝夜 24 小時分為 100 刻。《說文十一上·水部》載：「漏，以銅受水，刻節，晝夜百刻。」每刻相當於現在的 14.4 分鐘。清代以後改為 96 刻，每刻正好 15 分鐘。所以，我們現在把 15 分鐘稱為「一刻鐘」，就是來自漏刻。

表漏在古代政事、軍事中普遍流行。《隋書·天文志》載：「揆日晷，下漏刻，此二者測天地，正儀象之本也。」春秋齊將司馬穰苴率軍反擊「燕晉之師」，和監軍莊賈約好「旦日日中會於軍門，穰苴先馳至軍，立表下漏，待賈」[182]。司馬貞索隱按：「立表謂立木為表以視日景（影），

---

[182] 《史記·司馬穰苴列傳》，北京：中華書局，1959 年版。

下漏謂下漏水以知刻數也。」軍事上要保證時間絕對無誤，所以同時用日晷和漏刻。當約定的時間過後，司馬穰苴「僕表決漏」。索隱按：「僕者，臥其表也。決漏謂決去壺中漏水。」顯然是為了便於行軍攜帶。

明朝萬曆以後，西方的鐘錶傳入中國，漏刻逐漸棄置不用。

三、十二時辰

十二時辰是古人根據一日間太陽出沒的規律、天色的變化以及日常生產活動、生活習慣的特點而創造的獨特紀時法。它用十二地支紀一天之內的時間，用現在 24 小時計算，恰好兩小時一個時辰，每個時辰又有特定的名稱。

子時，從 23 點到 1 點，又稱作夜半、子夜。《左傳·哀公十六年》載：「夜半而遣之。」清人王士禛《池北偶談·談異一·地震定數》載：「夜半有急叩門者。」

丑時，從 1 點到 3 點，又稱雞鳴。《詩·齊鳳·雞鳴》以對話的形式敘述陳賢妃夙夜警戒，催促齊哀公起床。這就是後來「雞鳴戒旦」的典故。

寅時，從 3 點到 5 點，又稱昧爽、平旦、平明。曹魏王肅《孔子家語》卷九〈五儀解第七〉稱：「昧爽夙興，正其衣冠。」

卯時，從 5 點到 7 點，又稱日出、日始、破曉、旭日、旦、早、朝、晨。古代官衙查點人數在卯時進行，故稱「點卯」。

辰時，從 7 點到 9 點，又稱食時、蚤（早）食、朝食，是吃早飯的時間。《左傳‧成公二年》載，齊軍與晉軍戰於鞌（在今山東濟南），齊頃公輕狂地說：「余姑剪滅此而朝食。」

巳時，從 9 點到 11 點，又稱隅中。白居易〈十二時行孝文〉云：「隅中巳，終孝之心不合二。」

午時，從 11 點到 13 點，又稱日中。春秋齊國司馬穰苴為將，與監軍莊賈約定「日中會於軍門」，莊賈夕時才到，司馬穰苴「斬莊賈以徇三軍」[183]。我們常說的「午時三刻」，大約是現在的 11：45 時。

未時，從13點到15點，此時太陽蹉跌而下，開始偏西，故又稱日昳（ㄅㄧㄝˊ）、昃。《尚書‧無逸》載：「自朝至於日中、昃，不遑暇食。」意思是，從早上 5 點，到中午 12 點，又到下午 3 點，忙得沒有功夫吃飯。

申時，從 15 點到 17 點，又稱晡時，是吃晚飯的時間。

酉時，從 17 點到 19 點，又稱日入、夕、暮、昏、晚。《國語‧魯語下》中，魯國公父文伯之母提到的「日入監

---

[183] 《史記‧司馬穰苴列傳》，北京：中華書局，1959 年版。

「九御」，就是酉時。她還講：「朝夕處事，猶恐忘先人之業。」、「朝夕」是卯時到酉時，用來表示從早到晚。

戌時，從 19 點到 21 點，又稱黃昏。

亥時，從 21 點到 23 點，又稱人定。漢樂府日：「菴菴黃昏後，寂寂人定初。」

春秋齊國人甯戚〈飯牛歌〉稱：「從昏飯牛薄夜半，長夜漫漫何時旦。」[184] 用了「昏」、「夜半」、「旦」三個時辰名稱。《史記·留侯世家》載，秦末張良在橋上與一老人約見，也用了「平明」、「雞鳴」、「夜未半」（未到夜半）3 個時辰名稱，說明這些時間概念很早就在民間流行。

明末清初，從歐洲傳入了鐘錶，帶來了新的「時」。為了區分這兩個「時」，中國十二時辰的「時」稱作「大時」，或仍然稱作「時」，而西方傳入的則改稱為「小時」。

四、更和鼓

漢魏以來，又用更、鼓和甲、乙、丙、丁、戊來計算夜間的時間。《世說新語·言語》載，東漢禰衡曾被曹操「謫為鼓吏」。北齊顏之推《顏氏家訓·書證》對此做了系統的解釋：

---

[184] 《史記·魯仲連鄒陽列傳》裴駰集解，北京：中華書局，1959 年版。

或問：「一夜何故五更？更何所訓？」答曰：「漢、魏以來，謂為甲夜、乙夜、丙夜、丁夜、戊夜。又云鼓，一鼓、二鼓、三鼓、四鼓、五鼓，亦云一更、二更、三更、四更、五更，皆以五為節。〈西都賦〉亦云：『衛以嚴更之署。』所以爾者，假令正月建寅，斗柄夕則指寅，曉則指午矣。自寅至午，凡歷五辰（寅卯辰巳午）。冬夏之月，雖復長短參差，然辰間遼闊，盈不過六，縮不至四，進退常在五者之間。更，歷也，經也，故曰五更爾。」

夜，分甲夜、乙夜、丙夜、丁夜、戊夜共 5 個時間單位，每個單位 2 小時，用來計算夜間的時間。丙夜相當於子時。《資治通鑑·魏紀七·邵陵厲公嘉平元年》曰：「自甲夜至五鼓。」元胡三省注：「甲夜，初夜也。夜有五更：一更為甲夜，二更為乙夜，三更為丙夜，四更為丁夜，五更為戊夜。」

更，與夜相同，也用來計算夜間的時間，共五更，一更約 2 小時，三更相當於子時。

古代擊鼓報更，故鼓為更的代稱。一更一鼓相當於戌時，也稱甲夜；二更二鼓相當於亥時、乙夜；三更三鼓相當於子時、丙夜；四更四鼓，相當於丑時、丁夜；五更五鼓，相當於寅時、戊夜。

《南史・檀道濟傳》載，南朝宋檀道濟之弟檀祗東晉末任廣陵相，有亡命司馬國璠兄弟率百餘人夜間攻入廣陵（治今江蘇揚州），並欲進攻府衙，檀祗被射傷，語左右曰：「賊乘暗得入，欲掩我不備，但打五鼓懼之，曉必走矣！」亡命者聽到鳴鼓，知天將拂曉，乃奔散。

唐朝初年，京師還用擊鼓來警示晨、暮，這一方法起自唐朝人馬周。《舊唐書・馬周傳》載：「先是，京師諸街每至晨暮，遣人傳呼以警眾。周遂奏諸街置鼓，每擊以警眾，令罷傳呼，時人便之。」由馬周創造此法可知，古人對更、鼓是非常熟悉的。

● 第三節

二十四節氣

　　由於中國傳統的農曆不精確，不能指導農業生產，於是另創造了類似公曆的二十四節氣。它根據太陽在黃道（即地球繞太陽公轉的軌道）上的位置來劃分，可以說是古代精確的陽曆，便於指導農事。

一、少昊氏以鳥名官

　　前面說到，古人透過觀星象確立了春、夏、秋、冬四季，而在觀星象之前則是觀物象，也叫觀物候。物候指植物冬芽萌動、抽葉、開花、結果，動物的冬眠、復甦、繁育、換毛、遷徙，以及非生物現象如始霜、始凍、始化凍等對節候的反映。中國老百姓講的「花木管時令，鳥鳴報農時」就是觀物候，二十四節氣就是透過觀物候而逐漸發現的。

　　二十四節氣起源於古代東夷族少昊氏的候鳥紀曆法。《左傳·昭公十七年》載，春秋郯國（在今山東郯城北）是少昊的後裔，郯子到魯國，叔孫昭子問：「少昊氏鳥名官，何故也？」郯子以無限的自豪感，滔滔不絕地講述了先祖這段遠古職官史。少昊以知天時的鳳鳥氏任歷正，總管曆法方面的事務。歷正之下再設四官：玄鳥氏即燕子，春分來，秋分去，負責主管春分、秋分；伯趙氏即伯勞鳥，夏至鳴，冬至止，主管夏至、冬至；青鳥氏即鶬（ㄘㄤ）鶊，立春鳴，立夏止，負責主管立春、立夏；丹鳥氏即錦雞，立秋來，立冬去，主管立秋、立冬。這五個鳥圖騰氏族，是主管曆法的官。從這段記載看，在傳說的東夷族少昊氏時就已經透過知天時的候鳥來確定春分、秋分、夏至、冬至、立春、立夏、立秋、立冬了。春秋戰國時期，又運用圭表測日影的方法確定了春分、夏至、秋分、冬至等的具體時間。秦漢間，二十四節氣完全確立。通常在朔望月的分布如下表：

正月	二月	三月	四月	五月	六月	七月	八月	九月	十月	冬月	臘月
立春	驚蟄	清明	立夏	芒種	小暑	立秋	白露	寒露	立冬	大雪	小寒
雨水	春分	穀雨	小滿	夏至	大暑	處暑	秋分	霜降	小雪	冬至	大寒

　　二十四節氣比較準確地反映了一年季節、溫度、氣象、物候等方面的變化，從北方流行的農諺即可看出它對農業生產的指導作用。例如：清明前後，種瓜種豆；清明麻，穀雨花，立夏栽稻點芝麻；立秋無雨是空秋，萬物歷來一半收；白露早，寒露遲，秋分種麥正合適；立冬蘿蔔小雪菜等等。

少昊
選自《古今君臣圖鑒》明，潘巒編繪祖

二、七十二候

　　七十二候是中國古代結合天文、氣象、物候的知識分解二十四節氣的曆法。它源於黃河流域，至晚成書於戰國的《逸周書・時訓解》有完整的記載。七十二候把每個節氣分為3候，每候5天。各候均以一個物候現象相應，稱「候應」。各個節氣的氣象、物候特徵一目了然。

　　立春：初候東風解凍；二候蟄蟲始振；三候魚陟負冰，魚漸上游而近於冰。

　　雨水：初候獺（ㄊㄚˇ）祭魚，獺咬死魚後陳列整齊若祭祀；二候（小）雁北；三候草木萌動。

　　驚蟄：初候桃始華（開花）；二候倉庚（黃鸝）鳴；三候鷹化為鳩。天氣漸暖，鷹開始躲起來繁育後代，原本蟄伏的鳩鳥開始鳴叫、求偶。

　　春分：初候玄鳥（燕）至；二候雷乃發聲；三候始電。

　　清明：初候桐始華，即白桐花開放；二候田鼠化為鴽（ㄖㄨˊ，鵪鶉），田鼠躲回洞穴，鴽鳥開始出來活動；三候虹始見。

　　穀雨：初候（浮）萍始生；二候鳴鳩拂其羽，斑鳩開始鳴叫著梳理自己的羽毛；三候戴勝〔織網之鳥，一名戴鵀（ㄖㄣˊ）〕降於桑，女功興而戴鵀鳴。

現代畫家卿成繪〈穀雨圖〉

立夏：初候螻蟈鳴；二候蚯蚓出；三候王瓜生，王瓜的蔓藤開始快速攀爬生長。

小滿：初候苦菜秀；二候靡草（葶藶之屬）死；三候麥秋至，小麥籽粒開始飽滿。

芒種：初候螳螂生；二候鵙（伯勞）始鳴；三候反舌（百舌鳥）無聲。

夏至：初候鹿角解（脫落）；二候蜩（ㄊㄧㄠˊ，蟬）始鳴；三候半夏（藥草）生。

小暑：初候溫風至；二候蟋蟀居壁（避暑熱）；三候鷹始摯，老鷹因地面氣溫太高而在清涼的高空中活動。

大暑：初候腐草為螢，螢火蟲產卵於枯草上，此時螢火蟲卵化而出，古人認為螢火蟲是腐草變成的；二候土潤溽（ㄖㄨˋ，溼）暑，天氣悶熱，土地潮溼；三候大雨行時。

立秋：初候涼風至；二候白露降；三候寒蟬鳴。

處暑：初候鷹乃祭鳥，鷹把捕到的獵物擺放在地上，如同陳列祭祀；二候天地始肅（清）；三候禾乃登。

白露：初候鴻雁來；二候玄鳥歸；三候群鳥養羞，儲備糧食過冬。

秋分：初候雷始收聲；二候蟄蟲坯戶，修理洞穴，準備冬眠；三候水始涸。

寒露：初候鴻雁來賓，大雁南飛；二候雀入大水為蛤，雀鳥都不見了，海邊很多蛤蜊貝殼出現與雀鳥相似的花紋和顏色，古人誤以為是雀鳥變成的；三候菊有黃華（花）。

霜降：初候豺乃祭獸，豺狼開始捕獲獵物；二候草木黃落；三候蟄蟲咸俯，進入冬眠狀態。

立冬：初候水始凍；二候地始凍；三候雉入大水為蜃。雉是野雞一類的大鳥，蜃為大蛤。立冬後，野雞一類的大鳥不見了，而海邊卻可以看到外殼與野雞線條、顏色相似的大蛤，古人認為雉到立冬後變成大蛤了。

小雪：初候虹藏不見；二候天（陽）氣上升，地（陰）氣下降；三候閉塞而成冬。

大雪：初候鶡鴠（ㄏㄜˊ ㄉㄢˋ，夜鳴求旦之鳥，亦名寒號蟲）不鳴；二候虎始交；三候荔（馬藺葉）挺出（抽出新芽）。

冬至：初候蚯蚓結，眾多蚯蚓交纏在一起，結成塊狀，縮在土裡過冬；二候麋角解；三候水泉動，深埋於地底的水泉開始流動。

小寒：初候雁（大者）北鄉；二候鵲始巢；三候雉雊（《ㄡ　ˋ，鳴）。

大寒：初候雞乳，母雞開始孵小雞；二候征鳥厲疾，鷹隼之類的、能飛越太平洋的征鳥，正處於捕食能力極強的狀態，特別凶惡；三候水澤腹堅。水中的冰經過一冬天的嚴寒一直凍到水中央，最結實、最厚。

三、二十四節氣歌

中國傳統的二十四節氣，用公曆計算更為準確，所以，民國實行陽曆以來，二十四節氣歌很快形成：

> 春雨驚春清谷天，夏滿芒夏暑相連，
> 秋處露秋寒霜降，冬雪雪冬小大寒。
> 上半年在六二一，下半年在八二三，
> 一月兩節日期定，有時相差一兩天。

陽曆 2 月是立春、雨水，3 月是驚蟄、春分，一個月兩節，以此類推。上半年每月的第一個節日如立春、驚蟄等在 6 日前後，第二個如雨水、春分在 21 日前後，下半年在 8 日、23 日前後。由於陽曆沒有閏月，二十四節氣在哪個月是固定的，在哪一天基本是固定的。

四、二十四節氣與置閏

由於二十四節氣根據太陽在黃道上的位置來確立，是古代精確的陽曆，準確地調整它在農曆每個朔望月中的分布，也就等於調整了古代陰陽合曆中陽曆的年和陰曆的月的矛盾，所以，它還成為古代置閏的參照。《周禮·春官·大史》稱：「正歲年以序事。」唐人賈公彥疏曰：

一年之中有二十四氣：正月立春節，啟蟄中；二月雨水節，春分中。三月清明節，穀雨中。四月立夏節，小滿中。五月芒種節，夏至中。六月小暑節，大暑中。七月立秋節，處暑中。八月白露節，秋分中。九月寒露節，霜降中。十月立冬節，小雪中。十一月大雪節，冬至中。十二月小寒節，大寒中。皆節氣在前，中氣在後。節氣一名朔氣，朔氣在晦，則後月閏。中氣在朔，則前月閏。

按照賈公彥的疏，二十四節氣在農曆的正常分布是一月兩節，前者叫節氣，也叫朔氣，後者叫中氣。節氣在前，中氣在後。各月的「節氣」和「中氣」如下表：

月	正月	二月	三月	四月	五月	六月	七月	八月	九月	十月	冬月	臘月
節氣	立春	驚蟄	清明	立夏	芒種	小暑	立秋	白露	寒露	立冬	大雪	小寒
中氣	雨水	春分	穀雨	小滿	夏至	大暑	處暑	秋分	霜降	小雪	冬至	大寒

　　然而，二十四節氣是按照地球繞太陽公轉一周為一年、每月 30.4368 日來分配的，而農曆朔望月的一個月只有 29.5306 日，相差了將近一天。這樣，中氣在朔望月的日期會逐月推遲一天，一旦推遲到這個月的最後幾天，下個月只有一個節氣，就沒有中氣了。那麼，就把這個月作為閏月。如農曆 2017 年六月三十日（晦）是大暑（中氣），下個月十六是立秋（節氣），再下個月初二才是處暑（中氣），六月的下個月只有一個立秋（節氣），沒有中氣，因此作為閏六月。這就是賈公彥說的「朔氣在晦，則後月閏」，其實應該是「中氣在晦，則後月閏」。農曆 2020 年四月二十八是小滿（中氣），閏四月十四是芒種（節氣），而作為中氣的夏至在五月初一（朔）。這個月（閏四月）沒有中氣，所以被置為閏四月。賈公彥說的「中氣在朔，則前月閏」，就指這種情況。

五、二十四節氣與三伏、九九

　　三伏是初伏、中伏、末伏的統稱，它就是透過二十四節氣的夏至、小暑、大暑、立秋和「干支紀日法」來計算的。夏至一般在陽曆 6 月 21 日，夏至後第三個庚日開始為初伏，約在陽曆 7 月中下旬，第四個庚日開始為中伏。立秋（一般在 8 月 8 日）後第一個庚日為三伏。每伏 10 天，三伏共 30 天。有的年分中伏為 20 天，則共有 40 天。

　　三伏大部分時間都在小暑、大暑期間，是一年中最熱的時節，俗語有「熱在三伏，冷在三九」之說。從古代開始，人們十分注意三伏天防暑降溫、養生保健。南朝梁宗懍《荊楚歲時記》載：「六月、伏日，並作湯餅（麵條），名為『辟惡』。」[185] 唐人段成式的《酉陽雜俎》卷七〈酒食〉曾提到山東濟南人的一種獨特而新穎的防暑食俗 —— 碧筒飲。

　　歷城北有使君林，魏正始中，鄭公愨三伏之際，每率賓僚避暑於此。取大蓮葉置硯格上，盛酒二升，以簪刺葉，令與柄通，屈莖上輪菌如象鼻，傳吸之，名為碧筒杯。歷下學之，言酒味雜蓮氣，香冷勝於水。

---

[185]　《太平御覽》卷三一〈時序部一六‧伏日〉引，北京：中華書局，1960 年影印版。

　　碧筒杯的發明者，是曹魏正始（西元 240─249 年）年間的鄭愨及其賓僚們。所謂碧筒飲，就是用捲攏如盞、剛剛冒出水面的新鮮荷葉盛酒，將葉心用簪子戳穿，使之與葉莖相通，然後從莖管中吸酒，酒和蓮葉的芳香呵成一氣，清涼爽口，誠為暑天清供之一。碧筒杯又稱「荷葉杯」、「荷爵」、「荷杯」、「荷盞」，顧名思義，就是荷葉製成的杯、爵。因為莖管彎曲狀若像鼻，故又有「象鼻杯」之稱。

　　用碧筒杯飲酒，可謂花樣翻新，不落俗套，是雅中之雅。它不僅給予人高雅的情趣，還可治病健身，這是古人始料不及的。荷葉具有清熱、健脾胃的功效，略帶苦味的荷葉汁液和酒入口，清涼敗火，荷香怡人，是夏日消暑健身的佳品。

　　自碧筒飲產生備份受推崇，歷代文士樂此不疲，流傳甚久。據北宋王讜的《唐語林》記載，唐代宰相「李宗閔暑月以荷為杯」，有正始遺風，傳為士林佳話。唐詩宋詞中吟及荷葉杯與碧筒飲的，比比皆是。像唐曹鄴的「乘興挈一壺，折荷以為盞」，白居易的「疏索柳花碗，寂寞荷葉杯」等，都是謳歌碧筒飲的佳句。

　　民間俗語講：「冬養三九，夏治三伏。」各地三伏食俗均強調「補」、「治」二字。北方流行「伏日造醬」、「三伏作豆豉」。乾隆二十七年山東《樂陵縣志》載：「夏至後第

三庚為初伏，四庚為中伏，立秋後初庚為末伏。初伏食長
面，三伏作豆豉、麵醬。」民間諺語講：「頭伏餃子二伏面，
三伏烙餅攤雞蛋。」上海、江蘇有「頭伏餛飩二伏茶」的風
俗。清嘉慶二十二年的《松江府志》[186] 載：「食餺飥（餛
飩），云解疰夏疾。」上海《青浦縣志》、《羅店鎮志》都有
相同記載。中華民國二十二年江蘇《吳縣志》載：「六月三
伏宜熱，諺云：『六月不熱，五穀不結。』好施者於門首普
送藥餌，廣結茶緣。窖冰上市擔賣，日『涼冰』……茶坊以
金銀花、菊花點湯，日『雙花飲』。」

由於三伏「冬病夏治」正當時，各地還流行三伏貼膏
藥、拔火罐、針灸、艾灸等習俗。

冬季從冬至之日起，即進入了「數九」寒天。「數九」
又叫「九九」，是適應中國黃河中下游地區的一種民間節
氣。從冬至開始算起，第一個 9 天叫「一九」，第二個 9 天
叫「二九」……「三九」、「四九」以此類推。過了 9 個
「九」，剛好 81 天，即為「出九」，那時就春暖花開了。

自春秋時期就有「數九」的萌芽。《管子‧輕重己》載：
「以冬日至始，數四十六日，冬盡而春始。」冬至後 46 天，恰
好是立春。這和我們現在的農諺「春打六九頭」如出一轍。

---

[186]　丁世良、趙放主編：《中國地方志民俗資料彙編》華東卷上引，北京：書目
文獻出版社，1995 年版，第 4 頁。

　　春秋時期是中國 5,000 年來第二個溫暖期，立春時要比近代暖和得多。到南北朝時，「九九」已很完善了。南朝梁宗懍《荊楚歲時記》載：「俗用冬至日數及九九八十一日，為寒盡。」

　　冬至開始「進九」，意味著嚴寒的到來，因而明清以來，各地又有辦消寒會、畫消寒圖的風俗。

　　從唐末開始，文人墨客冬至後每逢「九」日，輪流做東，舉行雅聚，稱作消寒會。與會人數或 9 人、18 人、27 人不等，必合「九」之數。大家坐爐旁飲酒、賦詩、作畫、行酒令亦必應「九」之典。菜餚也以九盤、九碗或「花九件」為席。《紅樓夢》第九十二回描寫了賈母舉辦消寒會的情景，還讓寶玉請假不用上學了。

　　消寒圖又稱「九九消寒圖」，是明清時期流行的一種畫描「九九」的圖畫。1935 年山東《德縣志》[187] 載：

　　十一月長至日，舊時仿唐王仁裕之暖寒會，朋儕釀飲聯歡，曰「消寒會」。好事者製「九九消寒圖」。按《帝京景物略》：「冬至日，畫素梅一枝，為辦八十有一，日染一辦，辦盡而九九出。後仿其意，用九畫之字九字編為文，空白雙鉤，日書一畫，書遍則九九終矣。」今尚有製此圖者。

---

[187]　丁世良、趙放主編：《中國地方志民俗資料彙編》華東卷上引，北京：書目文獻出版社，1995 年版，第 115 頁。

　　清末徐珂《清稗類鈔・時令類》載，清道光皇帝曾御製九字消寒圖「亭前垂柳珍重待春風」，共9個字，每字9畫，「日填一畫，凡八十一日而畢事」。

　　消寒會、消寒圖從自然中吸收美感，把數九嚴寒變為美的享受和高雅的情趣，深受士大夫階層的喜好。北方各地方志均有畫消寒圖，作消寒會的記載。如1941年《濰縣志稿》載，山東濰縣過冬至，「繪九九消寒圖以消寒，間有同人釀飲作『消寒會』者」。

　　一般農家沒有士大夫階層的雅興，他們當中廣為流傳的是「九九消寒歌」：

一九、二九不出（舒）手，
三九、四九冰上走（三九、四九，凍破碓臼；三九、四九，凍煞豬狗），
五九、六九，河邊看柳（沿河尋柳），
七九河開，八九雁來（七九八九，賞花飲酒），
九九加一九，耕牛遍地走。

● 第四節
節氣向節日的演變

　　節日和節氣是不同的概念，以筆者愚見，二者區別有兩點：

　　第一，節氣是根據星象、氣候、物候的變化劃分的時段，節日則不一定具備這個特徵。如三八婦女節、五一勞動節等紀念節日顯然沒有這一特徵。

　　第二，節日有一定的主持單位、過節方式、風俗事項等慶祝活動，節氣則不一定有。比方說，春節、端午節、中秋節等傳統節日的主持者是家庭，過節方式是吃好飯、穿新衣；紀念節日的主持者是公司和學校，過節方式是集會、演講；禮拜節、浴佛節、上元節等宗教節的主持者是教會，過節方式是禮拜和祭祀。任何一個歲時節氣，只要賦予主持單位、過節方式、風俗事項等慶祝活動，就轉變為節日了。

　　二十四節氣開始是曆法，後來許多節氣演變為節日。周代天子和百官在立春、立夏、立秋、立冬都有迎接、祭祀春神、夏神、秋神、冬神的儀式，並賞賜百官兆民，慶賀節日。立春、立夏、立秋、立冬已身兼節氣和節日的雙重特徵。

　　漢代官吏已開始在夏至、冬至之日休假，叫「日至休吏」。西漢薛宣為左馮翊（相當於郡守，治今西安東北），「及日至休吏，賊曹掾張扶獨不肯休，坐曹治事。宣出教曰：『蓋禮貴和，人道尚通。日至，吏以令休，所由來久。曹雖有公職事，家亦望私恩意。掾宜從眾，歸對妻子，設酒餚，請鄰里，一笑相樂，斯亦可矣！』扶慚愧。官屬善之。」師古曰：「冬夏至之日，不省官事，故休吏。」[188]

　　到南朝，冬至演變為闔家團圓的節日。《南史·王曇首傳附王志傳》載，琅邪臨沂（今屬山東）人王志在南朝齊為東陽太守，「郡獄有重囚十餘，冬至日，悉遣還家，過節皆反，唯一人失期。志曰：『此自太守事，主者勿憂。』明旦果至，以婦孕」。

　　到唐代，始有「四時八節」的說法。唐詩人杜甫〈短歌行·贈四兄〉稱：「四時八節還拘禮，女拜弟妻男拜弟。」四時當然指春、夏、秋、冬四季，八節是：立春、春分、立

[188]　《漢書·薛宣傳》，北京：中華書局，1962年版。

夏、夏至、立秋、秋分、立冬、冬至共 8 個節日，全都是由二十四節氣轉化來的。由於春分和秋分沒有特定的風俗活動和紀念意義，在此省略不述。

一、四立：立春、立夏、立秋、立冬

《後漢書·蔡邕傳》載：「天子以四立及季夏之節，迎五帝於郊，所以導致神氣，祈福豐年。」李賢注：「四立謂立春、立夏、立秋、立冬。」

早在周代，立春、立夏、立秋、立冬就身兼節氣和節日兩種特徵，《禮記·月令》載：

先立春三日，大史謁之天子曰：「某日立春，盛德在木。」天子乃齊（齋），立春之日，天子親率三公、九卿、諸侯、大夫以迎春於東郊，還反（返），賞公卿、諸侯、大夫於朝，命相布德和令，行慶施惠，下及兆民。

先立夏三日，大史謁之天子曰：「某日立夏，盛德在火。」天子乃齊（齋）。立夏之日，天子親率三公、九卿、大夫以迎夏於南郊，還反（返），行賞，封諸侯，慶賜遂行，無不欣說。

先立秋三日，大史謁之天子曰：「某日立秋，盛德在金。」天子乃齊（齋）。立秋之日，天子親率三公、九卿、諸

侯、大夫以迎秋於西郊，還反（返），賞軍帥武人於朝。天子
乃命將帥，選士厲兵，簡練傑俊，專任有功，以征不義。

先立冬三日，大史謁之天子曰：「某日立冬，盛德在
水。」天子乃齊（齋）。立冬之日，天子親率三公、九卿、大
夫以迎冬於北郊，還反（返），賞死事，恤孤寡。

可知，周代天子十分重視「四立」，掌管節序的大史要提
前 3 天提醒某一節日的到來，天子要齋戒 3 天，到時率領百官
到東、南、西、北郊迎接春、夏、秋、冬的到來，祭祀四方天
地和四季之神。回來後，行賞百官於朝，賞賜兆民，慶賀節
日。只是由於四季的基調不同，慶祝方式才略有區別。

（一）立春

立春一般在陽曆 2 月 6 日前後，農曆正月春節期間。如
果是無春年，則在春節前；雙春年，則在一年的兩頭。

西漢董仲舒在《春秋繁露·四時之副》講：「春暖以
生，夏暑以養，秋清以殺，冬寒以藏……天有四時，王有四
政……慶為春，賞為夏，罰為秋，刑為冬。」《淮南子·主
術訓》、《史記·太史公自序》也有「春生夏長，秋收冬藏」
的說法。《春秋繁露·陰陽義》又講：「天人一也。春，喜
氣也，故生；秋，怒氣也，故殺；夏，樂氣也，故養；冬，
哀氣也，故藏。」董仲舒講天人合一、天人感應，認為天有

春夏秋冬、暖暑清寒，生養（長）殺（收）藏，人有喜樂怒哀，春喜、夏樂、秋怒、冬哀。政有慶賞罰刑，春慶、夏賞、秋罸、冬刑。所以，立春的基調是「生」、「喜」、「慶」，除謀反、謀大逆外，春天不能執行死刑。《真誥》[189]講：「立春日，勿行威刑」。

1. 迎春和青帝、句（《ㄡ）芒

從先秦到唐宋，立春的主要風俗是祭祀青帝和句芒。《後漢書·祭祀志中》載：「立春之日，迎春於東郊，祭青帝、句芒，車旗服飾皆青。」《開元禮》[190]也講：「立春，祀青帝於東郊。」可知，當時的迎春就是祭祀春神青帝和句芒。

從先秦到西漢初，東方青帝太昊、南方赤帝炎帝、中央黃帝、西方白帝少昊、北方黑帝顓頊等五大天帝並立。除了中央黃帝之外，其他四帝分別掌管春、夏、秋、冬四時。古人以「五行相生」來解釋春、夏、秋、冬的更替說：「四時代謝，皆以相生。立春，木代水，水生木。立夏，火代木，木生火。立冬，水代金，金生水。至於立秋，以金代火，金畏火，故至庚日必伏。庚者，金也。」[191]由於夏天五行屬

[189] 《太平御覽》卷二〇〈時序部五·春下·立春〉引，北京：中華書局，1960年影印版。

[190] 《太平御覽》卷二〇〈時序部五·春下·立春〉引，北京：中華書局，1960年影印版。

[191] 《太平御覽》卷三一〈時序部一六·伏日〉引《曆忌釋》，北京：中華書局，1960年影印版。

火，秋天五行屬金，火生土，土生金，所以在夏秋之間插入了個五行屬土的黃帝。

《淮南子·天文訓》系統記述了五行、五大天帝、輔佐神、四季、五星、四象、五音、天干的對應關係，對青帝的記載是：「東方木也，其帝太皞（昊），其佐句芒，執規而治春，其神為歲星（木星），其獸蒼龍，其音角，其日甲乙。」青帝是遠古東夷族首領太昊，五行屬木，主管著東方和春天、樹木、百花，被尊為東方天帝。泰山玉皇頂西南有青帝宮，就是太昊的廟宇。

句芒是青帝的輔佐神。《左傳·昭公二十九年》載：「木正曰句芒，火正曰祝融、金正曰蓐收，水正曰玄冥，土正曰后土。」木正即春官，火正即夏官，金正即秋官，水正即冬官。該書又說，「少昊氏有四叔」，其中「重為句芒」。東漢學者鄭玄、高誘說是少昊之子。《禮記·月令》載：「其帝太皞，其神句芒。」鄭玄注曰：「少皞氏之子曰重，為木官。」

句芒是古代傳說中的主木之官，稱作木神、春神、春官。他的形象是鳥身人面，乘兩龍，手裡拿著圓規，管理春天，主管樹木的發芽生長，春耕和播種。他還是網的發明者，作羅捕鳥以減輕農害。

《山海經·海外東經》載：「東方句芒，鳥身人面，乘兩龍。」

《世本‧作篇》稱：「句芒作羅。」

《說文七下‧網部》稱：「羅，以絲罟鳥也，從網從維。古者芒氏初作羅。」

句芒發明「羅」的目的，有兩種可能，一是幫助青帝太昊對付少昊的鳥圖騰部落；二是句芒幫助父親少昊氏管理、網羅鳥圖騰部落。

句芒圖
選自清代《欽定補繪蕭雲從〈離騷〉全圖》

　　南朝梁蕭統《纂要》稱：「一年之計在於春，一日之計
在於晨。」立春以後，很快就要春耕和播種了，祭祀青帝和
句芒，讓它們保佑春耕和莊稼播種、生長的順利進行。《宋
史》卷一百〈禮志三〉說是「導四時之和氣」。

2. 打春、春牛

　　兩漢時期就有造春牛的記載了。《後漢書·禮儀志上》
載：「立春之日，夜漏未盡五刻，京師百官皆衣青衣，郡國
縣道官下至鬥食令史皆服青幘，立青幡，施土牛耕人於門
外，以示兆民。」當時「施土牛耕人於門外，以示兆民」，
就是昭示農夫們，立春了，春耕開始了。後來的民間諺語
說：「春爭日，夏爭時，一年大事不宜遲；立春一年端，種
地早盤算；立春雨水到，早起晚睡覺。」這些農諺蘊含的精
神與兩漢時期的這一風俗非常吻合。

年畫：〈春牛圖〉

　　五代宋元明清時期，祭祀春神演變為迎春、打春、送春
的風俗。打春也叫「鞭春」，是指立春日鞭打春牛。《東京夢
華錄》卷六〈立春〉載：「立春前一日，開封府進春牛入禁
中鞭春。」南宋周密《武林舊事》卷二〈立春〉載：「（立
春）前一日，臨安府造進大春牛，設之福寧殿庭。及駕臨
幸，內官皆用五色絲綵杖鞭牛。」

　　到明朝，宮中迎春和鞭春的習俗很快遍及各州、府、縣。
明俞汝楫《禮部志稿》卷二十二〈進春儀〉載，永樂中定：
「每歲，有司預期塑造春牛並芒神。立春前一日，各官常服，
輿迎至府、州、縣門外，土牛南向，芒神在東西向。」

　　明清時期，各地在立春的前一日用泥塑和紙糊的方法
「預造土牛、芒神」，在縣令等地方官的率領下到東郊外迎
春，一般要迎至縣大堂，還要設春宴慶祝。第二天行鞭春
禮，又稱「打春牛」，表示鞭策耕牛，辛勤耕耘。屆時，百
姓老幼聚觀，所以民間把立春又叫做「打春」。有的還「以
鼓吹導小春牛及芒神分送各縉紳，謂之『送春牛』」[192]。

　　關於鞭春牛的風俗，康熙十二年（西元 1673 年）山東
《齊河縣志》[193] 記載得較為系統：

---

[192]　丁世良、趙放主編：《中國地方志民俗資料彙編》華東卷上引乾隆二十八年
　　　　《福山縣志》、道光二十六年《招遠縣志》，北京：書目文獻出版社，1995
　　　　年版，第 225、226、229 頁。
[193]　丁世良、趙放主編：《中國地方志民俗資料彙編》華東卷上引，北京：書目
　　　　文獻出版社，1995 年版，第 119 頁。

　　立春前一日，作泥牛、芒神，預設於東郊，行戶辦雜劇故事，各職官吉服出拜迎春，飲盒酒，回於縣堂上，仍設筵邀諸縉紳飲春酒。各行戶過堂演扮梨園，作戲競日。芒神並泥牛設於縣大門內，至立春時，各職官拜芒神畢，各執春杖打牛三次，隨令眾役將牛打碎，各回本衙。又做小泥牛、芒神送諸縉紳家，謂之「送春」。

　　鞭春牛是一種極熱鬧的場面，將土牛打得稀巴爛後，圍觀者一擁而上，爭搶碎土，據說扔進自己田裡，莊稼就能豐收。預先在紙紮的春牛「肚子」裡裝滿五穀，俟「牛」被鞭打破後，五穀流出，是豐收的吉兆。

　　步入近代社會以來，立春日迎春的風俗逐漸減弱了，但芒神的形象卻留在了〈春牛圖〉年畫中。他不再是鳥身人面，乘兩龍，手拿圓規的形象，而變成春天的「芒童」，頭有雙髻，手執柳鞭，騎著或趕著一頭健壯的大春牛。

　　官府迎春禮俗至民初而廢，一般無業遊民，每臨立春，身穿紅袍，頭戴烏帽，扮作春官模樣，手持〈春牛圖〉，上畫紅、黃、青、白各色土牛，並書來年農事節候，串門挨戶分送。至店家則唱：「黃牛到，生意俏」；至農家則唱：「黃牛到，五穀好」，以索取錢物。中華民國二十四年《首都

志》引《金陵歲時記》[194]載：「立春前後，有擊腰鼓、小錫鑼，沿門唱里謠者，背負印文一紙，頒自陰陽學。俗雲南鄉馮家邊人慣說吉利話，即此。按，明時教坊司每於歲首五日內，或四人，或五六人，往富貴人家奏樂一套，謂之『送春』。」

3. 戴春勝、春幡

　　兩漢以來，立春日還有佩玉的習俗，後發展為戴「春勝」、「春幡」。兩宋之際馬永卿《嬾真子》卷三講，他在關中士人王愷家中，見到一件西漢時的玉器，「漢人以正月卯日作，佩之，銘其一面曰『正月剛卯』，乃知今人立春或戴春勝、春幡，亦古制也」。南朝陳徐陵〈雜曲〉云：「立春曆日自當新，正月春幡底須故。」宋詞人辛棄疾〈漢宮春·立春日〉詞：「春已歸來，看美人頭上，裊裊春幡。」反映的都是立春戴春幡的習俗。

　　宋人陳元靚《歲時廣記·賜春勝》解釋說：「舊俗於立春日或掛春幡於樹梢，或剪繒絹成小幡，連綴簪之於首，以示迎春之意。」可知「春勝」、「春幡」即將繒絹剪成各種花樣，或者旗幡形狀，以簪釵連綴，戴在頭上，隨風飄動，既有迎春之意，又可增加美色。

---

[194]　丁世良、趙放主編：《中國地方志民俗資料彙編》華東卷上引，北京：書目文獻出版社，1995 年版，第 362 頁。

4. 咬春

隋唐時期，民間就有立春食生菜、喝粥和貯水造酒的習俗。《齊人月令》載：「凡立春日，食生菜，不可過多，取迎新之意而已。及進漿粥以導和氣。」唐人韓鄂《四時纂要》[195]：「立春貯水，謂之水神，釀酒不壞。」後來民間百姓立春日用蔥、蒜、椒、薑、芥調和成五辛盤，啖春餅、食生菜，稱作「咬春」。有的約親朋宴飲，名曰「春宴」。京津、河北一帶，「立春之時，無貴賤皆嚼蘿蔔，名曰『咬春』。互相宴請，吃春餅和菜」[196]。

（二）立夏

立夏一般在陽曆 5 月 6 日前後，農曆四月，又稱四月節。按照上述「立春」中董仲舒所講的「夏暑以養」、「賞為夏」、「夏，樂氣也，故養」的說法，以及「春生夏長」的說法，夏天氣溫上升，基本調子就是「養」、「賞」、「長」、「樂」。中醫上叫「夏養陰，冬養陽」。

1. 迎夏與炎帝、祝融

立夏開始進入農忙時期，如同立春一樣，周朝時，立夏

---

[195]　《齊人月令》、《四時纂要》，均為《太平御覽》卷二〇〈時序部五·春下·立春〉引，北京：中華書局，1960 年影印版。

[196]　丁世良、趙放主編：《中國地方志民俗資料彙編》華北卷引光緒二十八年《順天府志》，北京：書目文獻出版社，1995 年版，第 1 頁。

這天，帝王要親率文武百官到郊外「迎夏」，祭祀夏神炎帝和祝融，回來後，封賞諸侯百官。

《淮南子·天文訓》載：「南方火也，其帝炎帝，其佐朱明（祝融），執衡而治夏，其神為熒惑（火星），其獸朱鳥，其音徵，其日丙丁。」炎帝神農氏是中華民族的人文始祖，被尊南方天帝，五行為火，四象為朱鳥，五音為徵，天干為丙丁，使者為火星，輔佐神為祝融，主管著火、南方和夏天。

祝融是遠古的火神、夏官。《左傳·昭公二十九年》敘述了木正曰句芒，火正曰祝融等之後，又說：「顓頊氏有子曰犁，為祝融。」袁珂《山海經校注·海外南經》說：「南方祝融，獸身人面，乘兩龍。」袁珂校注引經據典，全面地敘述了祝融的傳說。關於祝融的出身，一說他是炎帝的後裔，另一種說法是黃帝的後裔，兩種說法莫衷一是；《山海經·海內經》記載，鯀假傳黃帝之命治水失敗，祝融奉黃帝之命殺掉了鯀；《墨子·非攻下》載，商湯伐夏桀，天命祝融降火於城間，幫助商湯滅掉了夏桀；《尚書大傳》載，祝融等七神雪天遠來，幫助西周滅亡了商朝；司馬貞《補三皇本紀》載，共工與祝融戰，不勝而怒觸不周山等等。總而論之，祝融似乎是傳說中正義的衛道士。他的形象是「獸身人面」，騎兩龍，拿著秤桿，管理著火和夏天。

　　到漢代，京師百官都穿著鮮豔的紅衣服，共慶立夏節。《後漢書·祭祀志中》載：「立夏之日，迎夏於南郊，祭赤帝、祝融，車旗服飾皆赤。」《後漢書·禮儀志中》亦載：「立夏之日，夜漏未盡五刻，京都百官皆衣赤，至季夏衣黃。」

　　秦漢以後立夏，還要食用防暑降溫的玄冰丸、飛霜散和道教的「六壬六癸之符」。《抱樸子》[197]載：「立夏之日或服玄冰丸，或服飛霜散，及六壬六癸之符，則不熱。幼伯子、王仲都此二人衣之以重裘，曝之於夏日之中，周以十爐之火，口不稱熱，身不流汗，蓋用此方者也。」

　　可能是炎帝、祝融的地位太高，宋以後沒像春官句芒那樣繼續留在民間立夏風俗中，而是銷聲匿跡了，但「夏暑以養」的基調越來越得到人們的重視。由於中國南北方氣溫的差異，立夏日「南國似暑北國春」，南方最重視立夏，風俗活動也豐富多彩。

2. 預防疰（ㄓㄨˋ）夏

　　立夏是夏天的第一天，以後天氣逐漸炎熱潮溼，能量消耗大，小兒和體質虛弱者會因排汗功能障礙而引起熱病，腹脹厭食，睡眠不佳，乏力消瘦，稱作「疰夏」、「苦（枯）

---

[197]　《太平御覽》卷二三〈時序部八·立夏〉引，北京：中華書局，1960年影印版。

夏」。中國中南地區及東南沿海地區較為多見。中華民國
二十二年江蘇《吳縣志》載：「俗以入夏眠食不服曰疰。」
為了不使身體因疰夏而虧損消瘦，人們想出了種種措施事先
預防進補，這些措施彙集到立夏日，成為立夏的節日風俗
之一。

立夏日，大部分地區都有吃雞蛋的風俗。人們認為吃了
雞蛋就能使心氣精神不受虧損。諺語說：「立夏胸掛蛋，孩
子不疰夏。」嘉慶十三年江蘇《如皋縣志》載：「立夏日，
家食雞鵝卵，烹苦蓬菜。老人忌坐門檻，可免厄夏之病。」

東南省分小麥熟得早，立夏時麥粒業已形成，人們紛紛
製作「麥蠶」，煮熟或生食，用來防治疰夏。中華民國八年
江蘇《太倉州志》載：「麥蠶，採新麥炒熟，礱為細條如
蠶形。」光緒三十年江蘇《常昭合志稿》載：「麥蠶，用
新麥穗煮熟，去芒殼，磨成細條。此品自宋有之，見《夢
粱錄》。」上海《外岡志》載：「立夏日，食麥飯，云不蛀
（疰）夏。」同治十年《上海縣志》載：「取麥穗磨之黏如
蠶，名麥蠶，小兒所食。」光緒八年上海《嘉定縣志》載：
「立夏日，取半熟麥磨細生食，曰麥蠶。」

南方各地用「七家茶」防治疰夏。「七家茶」顧名思
義，就是從7家鄰居討來的茶葉。乾隆十六年江蘇《無錫縣
志》載：「立夏日，合七家茶米食之，云不病暑。」光緒八

年《蘇州府志》載：「飲七家茶，免痄夏。」[198]

上海、江蘇立夏日吃「攤糍」，也是防治痄夏的節令食俗。記錄清代上海風俗的《滬城歲時衢歌》講：「立夏日，剪野菜，有所謂『草子頭』者。磨米作糍，入草子頭煎之，味甚脆香，名『攤糍』。」、「草子頭」也稱「草頭」、「金花菜」，學名叫苜蓿。攤糍就是用糯米粉和草頭攤成的煎餅。民間以為，立夏日吃「攤糍」就不會痄夏。同治十年《上海縣志》[199]載，立夏日「人家皆以金花頭入米粉食，名『攤糍』」。

另外，各地防止痄夏的風俗還有：「立夏日，煮麥豆和糖食之，云不注（痄）夏」；「立夏小兒騎坐門檻，啖豌豆糕，謂之不痄夏」。據說，「男女各試葛衣」、「小兒服夏衣」，皆可免痄夏之疾。[200]

立夏之日，東南地區還有吃夏餅的習俗。「立夏日，人家以粉米團餅，諸親饋遺，名曰夏餅」。也有的「雜蔬筍各物

---

[198] 《吳縣志》、《如皋縣志》、《太倉州志》、《常昭合志稿》、《外岡志》、《上海縣志》、《嘉定縣志》、《無錫縣志》、《蘇州府志》，均為丁世良、趙放主編：《中國地方志民俗資料彙編》華東卷上引，北京：書目文獻出版社，1995 年版，第 379、523、417、430、63、8、55、455、371 頁。

[199] 丁世良、趙放主編：《中國地方志民俗資料彙編》華東卷上引，北京：書目文獻出版社，1995 年版，第 8 頁。

[200] 丁世良、趙放主編：《中國地方志民俗資料彙編》華東卷上引明崇禎十二年《常熟縣志》、民國二十四年南京中正書局《首都志》、道光二十四年《震澤鎮志》、民國十九年《相城小志》，北京：書目文獻出版社，1995 年版，第 424、360、447、398 頁。

和之」，或「以韭菜和米漿煎粿」，名曰「夏粿」。立夏日，「以蝦煎麵而食，稱曰『食蝦日』。閩南語音『蝦』與『夏』通，為可屬夏也」，也可看作是一種夏餅。[201]

夏天是酷暑炎熱的季節，立夏日還有食用櫻桃、青梅、蠶豆、玫瑰花、竹筍、松花、海螄、谷芽餅、新茶等清淡食物和水果的風俗，它實際上是在告誡人們，這些是防暑降溫的食物，以後要多吃。光緒三十年江蘇《常昭合志稿》[202]載：「立夏日，食麥蠶……俗說立夏節物曰『櫻桃九熟』，謂櫻桃、青梅、新茶、麥蠶、蠶豆、玫瑰花、象筍、松花、谷芽餅也。是日飲燒酒，食海螄、醃鴨蛋、醃蒜、煎肉圓，或煮豆和糖食之，云免疰夏。」

3. 立夏稱人

進入炎熱的夏季，體力消耗大，人容易消瘦，體重減輕，於是又有了立夏稱人的風俗。清人顧祿《清嘉錄》卷四〈秤人〉載，立夏日「家戶以大秤權人輕重，至立秋日又稱之，以驗夏中之肥瘠」。清人吳曼雲〈江鄉節物詞·小序〉亦載：「杭俗，立夏日，懸大秤，男婦皆稱之，以試一年肥瘠。」

---

[201]　丁世良、趙放主編：《中國地方志民俗資料彙編》華東卷下引道光十一年福建《羅源縣志》、道光十三年《永安縣志》、民國二十二年《連江縣志》、1977-1983 年《雲林縣志稿》，北京：書目文獻出版社，1995 年版，第 1204、1352、 1207、1744 頁。

[202]　丁世良、趙放主編：《中國地方志民俗資料彙編》華東卷上引，北京：書目文獻出版社，1995 年版，第 430 頁。

此俗主要流行於天氣炎熱的南方，據說也是為了不痒夏。道光十六年上海《川沙撫民廳志》載，立夏日「懸稱稱人，日不痒夏。」民國十八年江蘇《光福志》載：「立夏，以稱權身輕重，云可免痒夏。」[203]

其實，立夏稱人只是檢測痒夏的方法。立秋後，人體開始累積脂肪準備過冬，痒夏之疾不治自癒，這時再稱一下，就會知道一個夏天瘦了多少，就能判斷出是否痒夏。

4. 祭雹神

立夏以後，開始出現冰雹，京津、河北地區受害尤重。因此，該地區普遍流行立夏祭祀雹神的習俗。民國十六年河北《晉縣志》載：「立夏日，祭雹神防災。」民國二十二年河北《藁城縣志》載：「立夏日祭雹神，以祈免災。」民國二十四年河北《新城縣志》載：「立夏前後三日內，祭雹神。」[204]

5. 薦新之祭

古人特別強調對死去的父母先人的祭祀，其中有個按節氣祭祀新鮮食品的「薦新」之祭，也叫「嘗新」。立夏開始

---

[203]　丁世良、趙放主編：《中國地方志民俗資料彙編》華東卷上引，北京：書目文獻出版社，1995 年版，第 22、392 頁。

[204]　丁世良、趙放主編：《中國地方志民俗資料彙編》華北卷，北京：書目文獻出版社，1995 年版，第 88、101、333 頁。

有新鮮水果和作物成熟，「薦新」之祭也就開始了。如蘇州有「立夏見三新」之諺，三新為櫻桃、青梅、麥子，用來祭祖。道光六年《昆新兩縣志》載：「立夏日，設櫻桃、梅子、麥䴷〔炒新麥蘺（去殼）之如蘺狀〕、窨糕、海蜒等物，飲火酒，謂之『立夏見三新』。」光緒八年《蘇州府志》和民國二十二年《吳縣志》均載：「立夏日，薦櫻、筍、麥蘺、蠶豆。」[205]

即便沒有新收穫的水果食物，立夏日也要祭祀祖先神靈。民國三十七年福建《藤山志》載：「立夏日，家家煮鼎邊糊，炊碗糕，祭祖先，謂之『做夏』。」雲林《雲林縣志稿》載：「立夏日，以百筍、鹹蛋、芥菜等物祭祖享神。」[206]

▎（三）立秋

立秋一般在陽曆 8 月 8 日前後，農曆七月。古人「一葉落而知秋」，秋天氣溫逐漸下降，諺語說：「早上立了秋，晚上涼颼颼。」秋天還是萬物成熟收穫的節氣，即現在說的秋收、秋耕、秋種等「三秋」。當然，三秋也指三年；也指孟秋、仲秋、季秋三個月。《詩經·王風·采葛》有「一日不

---

[205]　丁世良、趙放主編：《中國地方志民俗資料彙編》華東卷上引，北京：書目文獻出版社，1995 年版，第 404、370、379 頁。

[206]　丁世良、趙放主編：《中國地方志民俗資料彙編》華東卷下引，北京：書目文獻出版社，1995 年版，第 1199、1744 頁。

見，如三月兮」、「一日不見，如三秋兮」、「一日不見，如三歲兮」的詩句。我們經常說的「一日不見如隔三秋」，明顯不是三個月或三年，而是三個秋天，9 個月。

按照西漢董仲舒在《春秋繁露‧四時之副》所講，「秋清以殺」、「罰為秋」、「秋，怒氣也，故殺」，以及「秋收冬藏」的說法，秋天的基調就是「清」、「收」或「殺」、「罰」。古代的死刑，一般是秋冬行刑，叫「秋後問斬」、「嚴霜之誅」、「秋決」。《禮記‧月令》載：「涼風至，白露降，寒蟬鳴，鷹乃祭鳥，用始行戮。」這是立秋三候和處暑的第一候，是開始行戮的時間。《周書時訓》[207]曰：「立秋之日涼風至……涼風不至，國無嚴政。」所以，立秋日是可以行戮的第一天。《漢書‧孫寶傳》載，西漢京兆尹孫寶立秋日任命侯文為東部督郵，說：「今日鷹隼始擊，當順天氣去奸惡，以成嚴霜之誅。」

1. 迎秋與白帝、蓐收

立秋開始進入收穫季節，如同立春一樣，周朝時，立秋之日，天子親率三公、九卿、諸侯、大夫迎秋於西郊，郊祀白帝和蓐收。回來後賞賜軍隊各級將校，並命令將帥「選士厲兵，簡練傑俊，專任有功，以征不義」。

---

[207]　《太平御覽》卷二五〈時序部一○‧立秋〉引，北京：中華書局，1960 年影
　　　印版。

到漢代，京師百官都穿著象徵秋天的白色衣服迎秋，回來後改穿絳（深紅）色，直到立冬。《後漢書‧祭祀志中》載：「立秋之日，迎秋於西郊，祭白帝、蓐收，車旗服飾皆白。」《後漢書‧禮儀志中》亦載：「立秋之日，夜漏未盡五刻，京都百官皆衣白，施皂領緣中衣，迎氣（於）白郊。禮畢，皆衣絳，至立冬。」

《淮南子‧天文訓》載：「西方金也，其帝少昊，其佐蓐收，執矩而治秋。其神為太白（金星），其獸白虎，其音商，其日庚辛。」少昊是遠古東夷族首領，被尊為西方天帝、白帝，為古代司秋之神，使者為太白金星，五行屬金，四象為白虎，五音為商，天干為庚辛。我們經常說的「金秋」，就是因為秋天五行屬「金」。

蓐收是少昊的輔佐神，又稱秋神、金神，手拿著直角尺，管理著西方和秋天，在典籍中有多種傳說。《左傳‧昭公二十九年》敘述了「金正蓐收、水正玄冥」等之後，說：「少昊氏四叔……該為蓐收」。《禮記‧月令》言：「其帝少皞（昊），其神蓐收。」東漢鄭玄注曰：「蓐收，少皞氏之子曰該，為金官。」袁珂《山海經校注‧海外西經》載：「西方蓐收，左耳有蛇，乘兩龍。」據《國語‧晉語二》載，春秋時，虢公夢見在宗廟見到一位神人，白毛、虎爪、執鉞，對他說：「你別跑，天帝命令晉國襲入你國門。」醒後，虢

公讓史囂占卜解夢，史囂說：「據您描述，這是蓐收，是天上的刑殺之神。」6 年後，虢國果然被晉國滅亡了。《山海經‧西山經‧西次三經》還說他是司日入之神。所以，蓐收又是古代的刑殺之神和司日入之神。

2. 戴楸葉

早在唐宋時期民間婦女就有立秋戴楸葉的風俗，人們希望早早結束盛夏的暑熱，透過戴楸葉來迎接秋天的到來。《東京夢華錄》卷八〈立秋〉載：「立秋日，滿街賣楸葉，婦女兒童輩皆剪成花樣戴之。」時至南宋，此風猶盛。南宋吳自牧《夢粱錄》卷四〈七月〉載，立秋日「都城（臨安，今杭州）內外，侵晨滿街叫賣楸葉，婦人女子及兒童輩爭買之，剪如花樣插於鬢邊，以應時序」。南宋詩人范成大〈立秋二絕〉還有「折枝楸葉起園瓜」的詩句。

延至明清時期，戴楸葉的風俗經久不衰，各地方志均有記載。如，康熙三十三年《登州府志》載：「立秋，（婦女）戴楸葉。」乾隆三十九年山東《曲阜縣志》載：「立秋之日，婦女皆佩楸。」民國十二年江蘇《至順鎮江志》亦載：「立秋，戴楸葉。」[208]乾隆四十三年河北《安肅縣志》[209]載：「立秋日，

---

[208] 丁世良、趙放主編：《中國地方志民俗資料彙編》華東卷上引，北京：書目文獻出版社，1995 年版，第 217、290、475 頁。

[209] 丁世良、趙放主編：《中國地方志民俗資料彙編》華北卷引，北京：書目文獻出版社，1995 年版，第 337 頁。

皆戴楸葉」。立秋這天，婦女兒童將剪成各種花樣的楸葉或插於鬢角，或佩於胸前，除迎接秋天到來外，還寓意著秋季平安。

3. 懸秤稱人、貼秋膘、咬秋、防瘧痢、薦新

立秋懸秤稱人是立夏稱人的繼續。伏天人們胃口差，所以不少人都會瘦一些，俗話說「一夏無病三分虛」。立秋懸秤稱人，將體重與立夏日所秤之數對比，如果體重減輕得嚴重，就叫「疰夏」。瘦了當然需要「補」，故稱「貼秋膘」。《京都風俗志》載：「立秋日，人家亦有豐食者，謂之『貼秋膘』。」光緒十二年河北《通化通志》載：「立秋日，啖瓜果肥甘，日『填秋膘』。」滄州一帶「立秋節家家食水餃子」，也是為了「貼秋膘」。[210]

「咬秋」也稱「啃秋」，一般是在立秋這天吃西瓜或香瓜。清人張燾《津門雜記·歲時風俗》載：「立秋之時食瓜，日咬秋，可免腹瀉。」民國二十四年南京《首都志》載：「立秋前一日食西瓜，謂之啃秋。」[211]

俗話說「立秋之日涼風至」、「立秋洗肚子，不長痱子拉肚子」。肚子受了涼或吃了不潔的食物很容易得瘧痢，這是一種非常可怕的急性傳染病。人們紛紛用吃瓜、飲用新水、

[210]　丁世良、趙放主編：《中國地方志民俗資料彙編》華北卷引，北京：書目文
　　　　獻出版社，1995 年版，第 252、369 頁。
[211]　丁世良、趙放主編：《中國地方志民俗資料彙編》華東卷上，北京：書目文
　　　　獻出版社，1995 年版，第 361 頁。

燒酒,吃「七粒豆」等防治瘧痢。京津、河北「立秋日相戒不飲生水」[212]。淞滬地區「立秋日飲新汲水,云不病瘧痢」,也有的「立秋日食瓜,飲新汲水,云令人不瘧痢」。江蘇「立秋日取西瓜和燒酒食之,以防瘧痢。」無錫一帶「立秋日食瓜,或以赤豆七顆和水吞之,以防瘧痢」。[213]

由於立夏以來不斷有新鮮作物收穫,祭祀祖先的薦新也隨時進行。民國二十二年江蘇《吳縣志》[214]載:「立秋前一月,市肆已羅列西瓜,至是居人始薦於祖禰,俗稱『立秋西瓜』。」河北、北京一帶把「十月一,送寒衣」放在立秋開始。光緒二十八年《順天府志》[215]載,立秋日「祀先以麻稭奠酒為誠,買紙錢、冥衣,燒化於墳,謂之『送寒衣』。仍以新土覆墓」。

(四)立冬

立冬,也稱作「陽日」,一般在陽曆 11 月 8 日前後,農曆十月。按照上述西漢董仲舒在《春秋繁露》所講,「冬寒

[212]　丁世良、趙放主編:《中國地方志民俗資料彙編》華北卷引《順天府志》,北京:書目文獻出版社,1995 年版,第 5 頁。

[213]　丁世良、趙放主編:《中國地方志民俗資料彙編》華東卷上引光緒八年《嘉定縣志》、光緒八年《寶山縣志》、光緒二十二年江蘇《錫金識小錄》、嘉慶十八年《無錫金匱縣志》,北京:書目文獻出版社,1995 年版,第 55、67、451、454 頁。

[214]　丁世良、趙放主編:《中國地方志民俗資料彙編》華東卷上,北京:書目文獻出版社,1995 年版,第 381 頁。

[215]　丁世良、趙放主編:《中國地方志民俗資料彙編》華北卷,北京:書目文獻出版社,1995 年版,第 5 頁。

以藏」、「刑為冬」、「冬，哀氣也，故藏」的說法，由於冬天是「萬物終成」，其基調就是「藏」；又由於「刑為冬」，另一個基調是「哀」和「刑」。所以冬天是處決死刑犯的季節。京房《易占》[216] 曰：「立冬……人君當興邊兵，治城郭，行刑決罪。」

《三禮義宗》[217] 講：「十月立冬為節者，冬，終也。立冬之時，萬物終成。」立冬萬物終成，秋季作物全部收穫、晒乾，收藏入庫，動物也已藏起來準備冬眠。冬季開始了。

1. 迎冬與顓頊、玄冥

立冬如同立春、立夏、立秋一樣，周朝時，帝王要親率文武百官到郊外「迎冬」，祭祀冬神顓頊和玄冥，回來後要「賞死事，恤孤寡」。到東漢時，文武百官都要穿上黑色服飾，到北郊祭祀冬神黑帝和玄冥。《後漢書·祭祀中》載：「立冬之日，迎冬於北郊，祭黑帝玄冥，車服服飾皆黑。」《後漢書·禮儀志中》亦載：「立冬之日，夜漏未盡五刻，京都百官皆衣皂，迎氣於黑郊。禮畢，皆衣絳，至冬至絕事。」這種「四郊迎氣」的禮俗直到兩宋，仍然奉行不替。

《淮南子·天文訓》載：「北方水也，其帝顓頊，其佐玄冥，執權而治冬。其神為辰星（水星），其獸玄武，其音

---

[216]　《太平御覽》卷二八〈時序部一三·立冬〉引，北京：中華書局，1960年影印版。
[217]　《太平御覽》卷二八〈時序部一三·立冬〉引，北京：中華書局，1960年影印版。

羽，其日王癸。」顓頊高陽
氏是黃帝的曾孫，傳說的
「五帝」之一，被尊北方天
帝、黑帝，五行為水，四象
為玄武，五音為羽，天干為
王癸，使者為水星，輔佐神
為玄冥，主管著水、北方和
冬天。

顓頊
選自《古今君臣圖鑒》

　　顓頊為五帝之一，黃
帝之孫。他建都於高陽古城
（今河北省高陽縣），故稱高
陽氏，其所居玄宮為北方之
宮，北方色黑，五行屬水，因此古人說他是以水德為帝，又稱
他玄帝。他以句芒為木止、蓐收為金正、祝融為火正、玄冥
為水正、句龍為土正，嚴格遵循黃帝的政策行事，使天下安定
太平。

　　玄冥是黑帝顓頊的輔佐神，手拿秤錘，管理著冬天。上
述《左傳・昭公二十九年》載：「水正曰玄冥。」水正即水
官、冬官。該篇又說，「少昊氏有四叔」，「重為句芒，該為
蓐收，修及熙為玄冥」。東漢學者鄭玄、高誘認為，玄冥是
少昊之子。《禮記・月令》言：「其帝顓頊，其神玄冥。」鄭

玄注曰：「玄冥，少皞氏之子曰修，曰熙，為水官。」《漢書·揚雄傳上》言：「終始顓頊、玄冥之統。」顏師古注引應劭曰：「顓頊、玄冥，皆北方之神，主殺戮也。」《風俗通·祀典·雨師》稱玄冥為雨師。實際上，「冥」是商朝始祖契的 6 世孫，因「勤其官而水死」[218]，被後人奉為水神。《左傳·昭公十八年》言：「禳火於玄冥、回祿。」杜預注：「玄冥，水神。回祿，火神。」

總之，玄冥的傳說較多，有水神（官）、冬神（官）、雨師、北方之神、主殺戮之神等諸多的頭銜。

2.「五風信」和開倉收租日

據各地方志記載，由於立冬被十月一「寒衣節」沖淡，慶祝活動較少。淞滬和江蘇太湖一帶較重立冬節。民國二十二年《吳縣志》載：「（十月）初五日為五風生日，太湖漁者千餘家饗瀕湖諸神。是月有風，每五日如期而至，終歲皆然，可以揚帆捕魚，謂之『五風信』。立冬日取桑葉風乾入藥。農既登谷，業田者開倉收租。」同治十年《上海縣志》和光緒五年《青浦縣志》均載：「立冬起五風信，五日一風，有雨，名『溼五風』。」《吳縣志》所說的「取桑葉風乾入藥」、「田者開倉收租」，也是該地區普遍流行的習俗。

---

[218]　《國語·魯語上》，上海：上海古籍出版社，1978 年版。

光緒八年《蘇州府志》亦載:「立冬日取桑葉風乾入藥。農既登穀,業田者開倉收租。」[219] 由此可知,立冬還是封建租佃關係盛行時的開倉收租日。

二、二至:夏至和冬至

「二至」指夏至和冬至,早在春秋時期就有此稱。《左傳·昭公二十一年》曰:「二至二分,日有食之不為災。」杜預注曰:「二至,冬至、夏至;二分,春分、秋分。」、「二至」是相反相應的節氣,也是二十四節氣中透過觀物象最早被確定的兩個節氣。《左傳·昭公十七年》講到「少昊氏鳥名官」時說:「伯趙氏,司至者也。」杜預注曰:「伯趙,伯勞也。以夏至鳴,冬至止。」由於伯勞鳥夏至鳴叫,冬至停止,太昊氏命以伯勞鳥為圖騰的氏族負責主管夏至、冬至。

(一)夏至

夏至在古代也稱夏節,在陽曆 6 月 21 日前後,陰曆一般在五月。《月令七十二候集解》講:「夏,假也,至,極也。萬物於此皆假大而至極也。」《漢學堂經解》所輯崔靈恩《三

---

[219]　丁世良、趙放主編:《中國地方志民俗資料彙編》華東卷上引,北京:書目文獻出版社,1995 年版,第 383、9、47、370 頁。

禮義宗》講：「至有三義：一以明陽氣之至極；二以明陰氣之始至；三以明日行至北至。」夏至這天，陽氣至極，陰氣始生，陽光幾乎直射北回歸線，是北半球一年之中，白晝最長，黑夜最短的一天。「日長之至，日影短至，故日夏至」。民諺有「吃過夏至麵，一天短一線」、「長到夏至短到冬」的說法。由於夏至前後日長夜短，古代計時的刻漏規定：「夏至之日，晝六十五刻，夜三十五刻。」[220]

夏至致日圖
選自《欽定書經圖說》，清代孫家鼐等編

---

[220] 《太平御覽》卷二三〈時序部八‧夏至〉引《古今歷術》，北京：中華書局，1960 年影印版。

1. 天子祭天與「助微氣之養」

《周禮・春官宗伯第三・大司樂》載：「冬日至於地上圜丘奏之……夏日至於澤中方丘奏之。」這是講，冬至日天子祭天於「地上圜丘」，夏至日祭地於「澤中方丘」，大司樂負責奏樂。

《史記・封禪書》載：「冬日至，祀天於南郊，迎長日之至；夏日至，祭地祇。」

《晉書・武帝紀》載：「並圜丘、方丘於南北郊，二至之祀合於二郊。」

根據上述典籍記載，從西周開始，天子就有「夏至日祭地於澤中之方丘」的典禮。「圜丘」和「方丘」，都在郊外，所以也稱為「郊祀」。古人認為天圓地方，方丘是一象徵大地的方壇，四周有水像湖澤一樣，也叫「方澤」。古代認為夏至是陽盡陰生的開始，地又代表著陰，所以夏至祭地，意為清除荒年。現在北京的地壇，就是明清兩朝皇帝每年夏至祭地的場所。

北京地壇

　　由於夏至陰氣始生，冬至陽氣始生，為了「助微氣之養」，先秦時期的天子「二至」期間須修息靜養，不興師動眾，不聽政事，商旅不行。《周易‧復卦》稱：「雷在地中，復。先王以至日閉關，商旅不行，後不省方（君主不省巡四方）。」《五經通義》[221]曰：「夏至陰始動而未達，故寢兵鼓，不設政事，所以助微氣之養也。」

2. 夏至的慶賀活動

　　兩漢以前，帝王百官賀冬至而不賀夏至。因為「冬至陽氣起，君道長，故賀；夏至陰氣起，君道消，故不賀」[222]。其實，從漢代開始，人們就已慶賀夏至。《風俗通義‧怪神》載：「予之祖父郴，為汲令，以夏至日詣見主簿杜宣，賜酒。時北壁上有懸赤弩，照於杯，形如蛇，宣畏惡之，然不敢不飲。其日，便得胸腹痛切，妨損飲食，大用羸露，攻治萬端，不為愈。後郴因事過至宣家窺視，問其變故，云：『畏此蛇，蛇入腹中。』郴還聽事，思唯良久，顧見懸弩，必是也。則使門下史將鈴下侍徐扶輦載宣，於故處設酒，杯中故復有蛇，因謂宣：『此壁上弩影耳，非有他怪。』宣遂解，甚夷懌，由是瘳平。」這個「杯弓蛇影」成語的版本出處姑

---

[221]　《太平御覽》卷二三〈時序部八‧夏至〉引，北京：中華書局，1960 年影印版。
[222]　《太平御覽》卷二八〈時序部一三‧冬至〉引《漢書》，北京：中華書局，1960 年影印版。

且不論，應劭的祖父是東漢人，主簿杜宣去見他，如果不是慶賀夏至節，二人不可能在辦公的地方喝酒。

南北朝開始大張旗鼓地慶賀夏至。《南史》卷五十七〈沈約傳〉載，東晉末年沈穆夫兄弟遭沈預陷害致死，其子沈林之、沈田之長大後為父輩報仇，「五月夏節日至，（沈）預政大集會，子弟盈堂。林之兄弟挺身直入，斬預首，男女無論長幼悉屠之」。沈預一家「大集會，子弟盈堂」，顯然是在慶祝夏至節。

3. 祭祖薦新

夏至時值麥收，自古以來有在此時慶祝豐收、祭祀祖先之俗，以祈求消災年豐。乾隆二十八年《福山縣志》載：「夏至薦麥，用青麥炒半熟磨成條，名曰『碾轉』。」光緒七年《增修登州府志》亦載：「夏至，薦新麥。」乾隆十七年上海《金山縣志》載：「夏至日，祀先，薦新麥。」[223]

夏至這天，北方各地普遍吃麵條，有「冬至餛飩夏至麵」的諺語。

（二）冬至

冬至又稱「冬節」、「一陽節」、「長至節」、「亞歲」、「至日」、「長至」、「短至」、「日南至」等，民間俗稱「過冬」。

---

[223]　丁世良、趙放主編：《中國地方志民俗資料彙編》華東卷上引，北京：書目文獻出版社，1995年版，第226、221、37頁。

在陽曆 12 月 23 日前後，一般在陰曆十一月。

夏至是一年之中，北半球白晝最長，黑夜最短的日子，冬至則是一年當中，北半球白晝最短，黑夜最長的一天，以後白晝就慢慢長了。唐詩人杜甫有「刺繡五紋添弱線」的詩句。是說，冬至後因白晝變長，刺繡的宮女能比平時多織一線之功，需日添一線。民間叫「吃了冬至飯，一天長一線」。

《太平御覽》卷二十八〈時序部一三‧冬至〉引《三禮義宗》講，冬至有三義：「一者陰極之至；二者陽氣始至；三者日行南至。故謂之冬至也。」

「陰極之至」是說，陰氣到了極盛的頂點；「陽氣始至」，即陰氣盛極而衰，陽氣開始回生，也叫「一陽生」、「陰極而陽始至」。杜甫〈小至〉有句詩叫「天時人事日相催，冬至陽生春又來」。「日行南至」，也叫「日南至，漸長至」。由於地球是斜著身子繞太陽公轉的，有時是北半球對著太陽，有時是南半球對著太陽。夏至時，太陽光直射點在北緯 23° 26' 的緯線上，我們把它叫北回歸線。夏至過後，太陽直射點逐漸從北回歸線南移，到冬至時，直射點在最南界的南緯 23° 26'，叫做南回歸線。這就是我們說的「日行南至」。

後來也把「冬至三義」叫「三至」。其實，冬至有好多至：陰極之至，陽氣始至，日南至，日短之至，夜長之至，日影長之至。

1. 天子祭天

　　根據上述夏至所引《周禮‧春官宗伯第三‧大司樂》、《史記‧封禪書》、《晉書‧武帝紀》的記載，從西周開始，天子於「冬至日祀天於地上之圜丘」。古人認為天圓地方，圜丘是一座圓形的祭壇。冬至「圜丘祀天」與夏至「方丘祭地」，都在郊外，所以也稱為「郊祀」。

　　後來，唐宋元明清的皇帝冬至日都要舉行祭天大典，叫「冬至郊天」。現在北京天壇的圜丘，就是明清兩朝皇帝每年冬至祭天的場所。

北京天壇

2. 冬至禁忌：「安身靜體」、「靜而不擾」

　　西漢劉向《五經通義》等許多典籍都記載，冬至這天「陽氣萌，陰陽交精，始成萬物，氣微在下，不可動洩」，所以要「安身靜體」、「靜而不擾」。這天除「圜丘祀天」外，什麼也不能幹，朝廷上下放假休息，天子不上朝，百官不辦

公,軍隊不操練,邊塞閉關,商旅停業,百姓不出門旅遊,親朋各以美食相贈,相互拜訪,歡樂地過一個「安身靜體」的節日。

《太平御覽》卷二十八〈時序部十三・冬至〉援引各書載:

《五經通義》:「冬至寢兵鼓,商旅不行,君不聽政事,曰冬至陽氣萌,陰陽交精,始成萬物,氣微在下,不可動洩。王者承天理,故率天下靜而不擾也。」

《神農書》:「冬至,陰陽合精,天地交讓,天為屍溼,地為不凍,君為不朝,百官為不親事,不可出遊。」

《白虎通》:「冬至前後,君子安身靜體,百官絕事不聽政。擇吉辰而後省事。」

《續漢書・禮儀志》:「冬至前後,君子安身靜體,百官絕事不聽政。擇吉日而後省事。絕之日,夜漏未盡五刻,京都百官衣皂,聽事之日,百官皆衣絳。」

今本《後漢書・禮儀志中》亦載:「冬至前後,君子安身靜體,百官絕事不聽政,擇吉日而後省事。絕事之日,夜漏未盡五刻,京都百官衣絳,至立春。」冬至百官停止辦公時穿黑衣服,選擇吉日恢復辦公後,穿深紅色衣服,直到立春。

今山西一帶，到晚清民初時期仍然傳承著這一習俗。民國九年山西《虞鄉縣新志》[224] 載：「冬至即冬節，關門閉戶，以養微陽。」

當然，不從其俗，出門遠行，或者冬至處理公務者，也大有人在。《呂氏春秋・有始》載：「冬至日，行遠道，周行四極，命曰玄明。」東漢有兩個愛民如子的廷尉，一個是傅賢，「每冬至斷獄，遲迴流涕」[225]。還有個盛吉，每到冬節判案，總是拖到晚上再看卷宗，盛吉手持丹筆，妻子為他執燭，「夫妻相向垂淚」[226]。

3. 賀節、獻履襪、作赤豆粥

古代帝王百官以「冬至陽氣起，君道長，故賀；夏至陰氣起，君道消，故不賀」[227]。故而，古代有「賀冬至而不賀夏至」之說。《易通卦驗》載：「冬至始，人主與群臣左右縱樂五日，天下之眾亦家家縱樂五日，以迎日至之禮。」[228]今本《禮記・月令》亦載：「日短至。」東漢鄭玄引《易》

---

[224] 丁世良、趙放主編：《中國地方志民俗資料彙編》華北卷引，北京：書目文獻出版社，1995 年版，第 709 頁。

[225] 《太平御覽》卷二八〈時序部一三・冬至〉引《後漢書》，北京：中華書局，1960 年影印版。

[226] 《通典》卷二五〈職官七・大理卿〉，北京：中華書局，2016 年版。

[227] 《太平御覽》卷二八〈時序部一三・冬至〉引《漢書》，北京：中華書局，1960 年影印版。

[228] 《太平御覽》卷二八〈時序部一三・冬至〉引，北京：中華書局，1960 年影印版。

及《樂春秋說》云:「冬至,人主與群臣從八能之士,作樂五日。」這應該是慶賀冬至的最早由來。

從兩漢到兩宋,朝廷十分重視冬至,唐中宗曾講:「俗諺云:『冬至長於歲。』」[229] 這是後來「冬至大於年」諺語的最早來源。各級官員、各國使節要向皇帝賀節,僅次於元旦正朝,稱作「亞歲」。官僚士大夫也要互相拜賀,稱作「賀節」。群臣還要向皇帝進獻鞋襪,並作赤豆粥(紅豆飯)慶賀。《太平御覽》卷二十八〈時序部一三‧冬至〉引《宋書》曰:「魏晉冬至日受萬國及百僚稱賀,因小會,其儀亞於歲朝也。」、「冬至朝賀享祀皆如元日之儀,又進履襪,作赤豆粥。」

三國曹植有〈冬至獻襪頌表〉,講到朝廷有冬至「獻履貢襪」、「迎福踐長」的禮儀,並提到「亞歲迎祥,履長納慶」,全文曰:

伏見舊儀,國家冬至獻履貢襪,所以迎福踐長。先臣或為之頌,臣既玩其嘉藻,願述朝慶。千載昌期,一陽嘉節,四方交泰,萬物昭蘇,亞歲迎祥,履長納慶,不勝感節,情繫帷幄,拜表奉賀。並獻紋履七量,襪若干副,上獻以聞。謹獻。

---

[229] 《舊唐書‧禮儀志一》,北京:中華書局,1975 年版。

由於冬至照出來的日影最長，人們從冬至中悟出一個「長」字，也叫「長至」，人們要穿上新鞋襪「踐長至」。北魏崔浩《女儀》[230] 講：「近古婦人常以冬至日上履襪於舅姑（公婆），踐長至之義也。」看來，冬至還是媳婦祝福公婆尊長「迎福踐長」、健康長壽的節日。直到清代，孔夫子的家鄉山東曲阜一帶仍然傳承著這一孝道，冬至「婦人進履舃於舅姑」[231]。

4. 闔家團圓

闔家團圓是中國傳統節日的主旋律，尤其是春節和中秋節。其實。從先秦到兩宋，冬至節、重陽節強調闔家團圓的程度遠勝於中秋節，元明清時期逐漸淡化。

《南史·席闡文傳》載，南朝梁浙江東陽太守席闡文，冬節把監獄的犯人全部放回家，過完節後都回來認罪伏法，無一逃亡。《南史·循吏傳》還載，南朝梁傅歧為浙江始新縣令，冬節到了，想把一死囚犯放回家，看守監獄的獄曹掾說：「古者有此，今不可行！」傅歧說：「其若負信，縣令當坐。」傅歧的意思是，如果他不守信用逃匿，我負法律責任。冬節過後，這個死囚犯按時返回。從獄曹掾說的「古者有此，今不可行」來看，南北朝以前，國家一直有冬至監獄

---

[230]　《太平御覽》卷二八〈時序部一三·冬至〉引，北京：中華書局，1960年影印版。
[231]　丁世良、趙放主編：《中國地方志民俗資料彙編》華東卷上引《曲阜縣志》，北京：書目文獻出版社，1995年版，第290頁。

的囚犯回家團圓，慶祝冬至節的法律。

隨唐時期過冬至，更加強調闔家團圓。杜甫〈冬至〉詩「年年至日長為客，忽忽窮愁泥殺人」，就抒發了生活窮困，冬至日流落他鄉，不能與家人團圓的傷感。白居易〈邯鄲冬至除夜思家〉詩，字裡行間都表達了自己的思念家人之情。

邯鄲驛裡逢冬至，抱膝燈前影伴身。
想得家中夜深坐，還應說著遠行人。

這首詩與王維的〈九月九日憶山東兄弟〉如出一轍。

《東京夢華錄》卷十〈冬至〉載：「十一月冬至，京師最重此節，雖至貧者，一年之間，累積假借，至此日更易新衣，備辦飲食，享祀先祖。官放關撲，慶賀往來，一如年節。」窮人一年到頭累積錢，就是為了冬至這天買新衣服，備辦冬至飯，祭祀祖先，如果攢不夠，就是借貸，也得置辦。為了慶賀冬至節，「官放關撲，慶賀往來，一如年節」。關撲即類似現在賭博、有獎銷售、有獎競猜一類的遊戲。冬至這天，這類娛樂場所不受時間限制，可以通宵達旦。

5. 拜冬

明清時期，北方地區冬至祭祖拜師，非常普遍，有的還要拜朝廷、拜官府，通稱「拜冬」。京師一帶「冬至日，

百官朝賀畢，退祀其先，具刺互拜如元旦儀」。天津、河北「冬至，拜官府，謁師長，為年節禮，紳衿行之」[232]。山東濟南「長至日，縉紳隨地方官詣萬壽宮望闕朝拜，士亦投刺拜賀，弟子致禮於先生。」[233]

　　中國的傳統節日特別強調對死去的父母祖先的祭祀和緬懷，對尊長的孝敬。除春節、清明節外，最為突出的就是冬至節了。祭祀祖先時，有的「懸祖考遺像於中堂，設拜奠」，有的在祠堂祭拜，有的上塚祭享，「有宗祠者族祭」[234]，其規格如同元旦。「如有無故不與祭者，族之人咸議之」[235]。民國四年北京《順義縣志》講：「冬至祭祖先，官府拜賀如元旦。」民國六年天津《寶坻縣志》講：「冬至向尊長行慶賀禮，謂之拜冬。一歲中自元旦外，唯立春、冬至為大節，故交相賀也。」[236] 從宋代開始，就以餛飩祭祀先祖。南宋周密《武林舊事》卷三〈冬至〉載：「享先，則

---

[232]　丁世良、趙放主編：《中國地方志民俗資料彙編》華北卷引《宛平縣志》、光緒二十五年《天津府志》，北京：書目文獻出版社，1995 年版，第 15、43 頁。

[233]　丁世良、趙放主編：《中國地方志民俗資料彙編》華東卷上引道光二十年《濟南府志》，北京：書目文獻出版社，1995 年版，第 92 頁。

[234]　丁世良、趙放主編：《中國地方志民俗資料彙編》華東卷上引明嘉靖刻本江蘇《江陰縣志》、光緒元年山東《陵縣志》，北京：書目文獻出版社，1995 年版，第 457、110 頁。

[235]　丁世良、趙放主編：《中國地方志民俗資料彙編》華東卷下引中華民國六年福建《長樂縣志》，北京：書目文獻出版社，1995 年版，第 1210 頁。

[236]　丁世良、趙放主編：《中國地方志民俗資料彙編》華北卷引，北京：書目文獻出版社，1995 年版，第 21、64 頁。

以餛飩。」淞滬地區「冬至，治花糕，刲羊豕祀先」。江蘇一帶，「家無大小，必具酒食祀其先。祀時雖暖，必熾炭於案下，至日祀神享先，必用粉團」，對祖先的寒暖飲食，可謂無微不至。山東曲阜把冬至祭祖和按時令薦新祭祀放到一起，「冬至，陳新曆薦黍」[237]。東南沿海一帶「冬至，舂米粉為丸薦祖考」[238]，稱作是「告冬之義」，即禱告先人，冬日到來了。

京津、河北一帶的學校尤其重視冬至節的拜師之禮，冬至節幾乎成為學校的專門節日，釋菜先師孔子、拜先生、同窗交拜、盛宴饗師，成為學校冬至節的主要活動。咸豐九年河北《固安縣志》、光緒二十年《廣平府志》均載：「冬至日行釋菜先師禮，懸像或設主，師生以次肅拜，奠獻畢，敬撤像、主，則跪焚之。弟子拜先生，窗友交拜，謂之『拜冬』。」民國二十四年河北《張北縣志》載：「冬至節……從前，私塾重視此節，謂之過小年，盛宴饗師，各生互相拜年，放假一日為娛樂。」也有的是老師宴請學生。光緒十六年河北《定興縣志》載，冬至「教授於家者，以此日宴飲弟子，答其終歲之儀，多食餛飩」。民國以後，改為「釋菜先

---

[237] 丁世良、趙放主編：《中國地方志民俗資料彙編》華東卷上引嘉慶二十二年《松江府志》、中華民國二十二年《吳縣志》、乾隆三十九年《曲阜縣志》，北京：書目文獻出版社，1995 年版，第 4、383、290 頁。

[238] 丁世良、趙放主編：《中國地方志民俗資料彙編》華東卷下引清光緒六年《福寧府志》，北京：書目文獻出版社，1995 年版，第 1271 頁。

師，學校兒童釀金祭孔，午聚餐校內」[239]。到民國後期，冬至拜師的風俗歇絕。民國三十年山東《濰縣志稿》[240] 講：「冬至日清晨，凡在家塾學生各更易新衣，往拜其師，謂之『拜冬』。此俗今已歇絕。」

6. 從赤豆粥到「冬至餛飩夏至麵」

　　兩漢魏晉南北朝過冬至，就有做赤豆粥的習俗。《荊楚歲時記》載：「十一月冬至日，作赤豆粥，以禳疫。」上述《太平御覽》引《宋書》亦有冬至作赤豆粥的記載。

　　中國傳統節日食品嚴格而且規範，即便是再清貧，也不能免俗。《北齊書‧慕容儼傳》載，北齊鄭州刺史、領軍大將軍厙狄伏連家有百口，每日口糧僅倉米二升，家人「常有飢色」。「冬至之日，親表稱賀，妻為設豆餅。伏連問：『此豆因何而得？』妻對：『向於食馬豆中分減充用。』伏連大怒，典馬、掌食之人並加杖罰」。厙狄伏連是吝嗇，還是克己奉公姑且不論，其妻所做的「豆餅」，應該是赤豆粥的替代物。

　　隋唐以後，這種吃紅豆粥的習俗，被臘八粥取代了。到宋元明清時期，餛飩、水餃、麵條、湯圓，成為冬至的節日食品。

---

[239]　丁世良、趙放主編：《中國地方志民俗資料彙編》華北卷引，北京：書目文獻出版社，1995 年版，第 293、424、157、463 頁。

[240]　丁世良、趙放主編：《中國地方志民俗資料彙編》華東卷上引，北京：書目文獻出版社，1995 年版，第 210 頁。

北方各地普遍流傳「冬至餛飩夏至麵」的諺語。有的是「冬至餃子夏至麵」，有的是餃子、餛飩同食。民國二十年《天津志略》稱：「冬至日食餛飩，猶夏至之必食麵條也。故俗語云：冬至餛飩夏至麵。」清光緒二十四年河北《灤州志》解釋說：「冬至日作餛飩為食，取天開於子，混沌初分，人食可以益聰明。」[241] 光緒二十六年山東《寧津縣志》載：「冬至，祀先，拜尊長，治酒食，或啖餛飩，烹水餃。」也有的冬至吃麵條，如清道光二十三年江蘇《武進、陽湖縣合志》曰：「長至，食麵。諺云：『夏至餛飩冬至麵。』吳門最重。」[242]

南方則吃湯圓，湯圓又稱「團圓」、「圓餔子」、「米圓」、「粉圓」、「米丸」、「冬至丸」。明末清初福建漳浦人李瑞和有詩曰：「家家搗米作團圓，知是明朝冬至天。」、「人家作米團而食，謂之『添歲』。門扉、器物各以一丸黏其上，謂之『飼（祀）耗』」，說是「取其圓以達陽氣」。「冬至，陽氣始萌，故食米圓。凡陽象圓，陰象方。五月陰始生，黍先五穀而熟，則為角黍，以象陰。角，方也。冬至陽

---

[241]　丁世良、趙放主編：《中國地方志民俗資料彙編》華北卷引，北京：書目文獻出版社，1995 年版，第 54、265 頁。

[242]　丁世良、趙放主編：《中國地方志民俗資料彙編》華東卷上引，北京：書目文獻出版社，1995 年版，第 153、467 頁。

始生，則為米圓，以象陽。」[243] 中國飲食帶有陰陽五行等宇宙本體論和天人合一的哲學意味，就表現在這裡。

除上述節日風俗外，還有冬至測日影以占來年豐凶水旱；埋谷種以驗來年豐歉；農家窖菜；貯水造酒；數九；作消寒會、消寒圖；射獵；「冬春」等等。

儘管有「冬至大如年」、「肥冬瘦年」[244] 的民諺，甚至是民國初年還重新確立冬至為冬節，與元旦春節、端午夏節、中秋秋節相提並論，實際上從明朝開始冬至就每況愈下了。明朝萬曆三十三年《揚州府志》載：「冬至前一夕設犧醴祀先，往年民間亦罷市稱賀，邇來漸省，相賀者唯官僚士夫，獨泰（興）、興（化）猶仍舊俗。」明朝崇禎六年《泰州志》亦載：「冬至前一日，各家具祀神、祀先，至正日罷市相賀。今不復行。」到民國十年的江蘇《江陰縣續志》滿懷惋惜地記載說：「冬至，賀節。《城堡志》云：『五十年前有之，今則無矣。』諺云：『冬朝大於年朝。』可見當日冬節之重大。」到清末，有的地方過冬至，沒有任何節日活動。清道光十七年的山東《臨邑縣志》載：「長至，不作節事。」清光緒二十五年《惠民縣志》載：「冬至為履長節，

[243] 丁世良、趙放主編：《中國地方志民俗資料彙編》華東卷下引中華民國二十五年《漳浦縣志》、清康熙三十年《詔安縣志》、清乾隆三十三年《福建續志》，北京：書目文獻出版社，1995 年版，第 1318、1319、1195 頁。
[244] 丁世良、趙放主編：《中國地方志民俗資料彙編》華東卷上引清嘉慶二十二年《松江府志》，北京：書目文獻出版社，1995 年版，第 5 頁。

他處以是日祀祖先，惠俗不行此禮」。[245] 現代人過冬，更沒有任何節日活動，只剩下「冬至餛飩夏至麵」了。

三、中國歲時風俗探析

從中國歲時風俗的演變，我們可以看出中國社會風俗的許多鮮明特徵：

（一）對家庭倫理的珍視

珍視家庭倫理，包括對祖先的崇敬和緬懷，對父母尊長的孝敬，對子孫綿長的希冀。中國的傳統節日都有重視家庭倫理、闔家團圓的特徵，但各個節日表現的側重點不同。而冬至節除闔家團圓外，特強調兒女對父母寒暖溫飽的關愛，冬至進鞋襪，一是嚴冬保暖，履行儒家「冬溫夏凊」的孝道；二是履長、踐長、踐長至，祝願父母長壽。幾千年不得溫飽的農耕生活，使活著的人在節日中反覆進行著「薦新」、祭祖活動，畢竟先人們在陰間更不容易解決溫飽問題。

（二）天人合一的宇宙觀

中國強調人與自然的和諧，講天人合一。中國的節日以揭示氣候、季節的變化規律，指導農時為主題，展現了古代

---

[245] 丁世良、趙放主編：《中國地方志民俗資料彙編》華東卷上引，北京：書目文獻出版社，1995 年版，第 486、507、461、126、162 頁。

鮮明的天人合一特徵。所謂的天就是自然，就是天地、日月、四時、寒暖、陰晴、風雨、霜露、冰雪等等。《周易·文言》叫做「與天地合其德，與日月合其明，與四時合其序」。就是要人們了解自然規律，掌握自然規律，按自然規律生活，按自然規律生產。中國的二十四節氣；七十二候；「春夏養陽，秋冬養陰」；春生夏長，秋收冬藏，就是要「與四時合其序」。

（三）物極必反、盛極而衰的哲理

夏至陽氣盛極而衰，陰氣始生；冬至陰極陽生，是典型的物極必反、天道循環。就是這種信念，使中國人有了物極必反、否極泰來、柳暗花明的循環論思想，從而使中國人始終以樂觀主義的態度眺望未來。即便是冬至，也沒陷入數九嚴寒的恐怖中，而是熱烈、樂觀地眺望未來，一首「九九消寒歌」，即讓人沉浸在「冬至陽生春又來」的美好循環之中。

（四）厚生愛民意識

三伏天防暑降溫、養生保健的碧筒飲，「冬病夏治」、「冬養三九，夏治三伏」、「夏養陰，冬養陽」的說法；立夏稱人防疰夏、貼秋膘的風俗；「冬至蘿蔔夏至薑，適時進食無病恙」、「冬至不端餃子碗，凍掉耳朵沒人管」的諺語；「二

至」期間「安身靜體」、「靜而不擾」等等，無不反映了這
一觀念。

（五）樂觀主義的人生態度

　　中國人樂觀主義的人生態度還滲透到歲時節慶中。一方
面是對生活的高度重視和認真負責精神。中國的年、季、
月、日、時、刻、更、鼓，以及二十四節氣、七十二候，對
時光傾注了太多太多的關注和情思，本身就反映了對生活的
高度重視和認真負責的精神；另一方面是從自然中吸收美
感，給生活以歡樂的氛圍、高雅的情趣和美的享受。立春日
熱鬧、喜慶的鞭春牛習俗，三伏天的碧筒飲，都是最好的詮
釋。人們還從數九嚴寒中吸收美感，冬至「獻履貢襪」、「迎
福踐長」、「亞歲迎祥，履長納慶」、九九消寒歌、消寒會、
消寒圖，都給生活增添了高雅、美好的情趣。

電子書購買

爽讀 APP

國家圖書館出版品預行編目資料

中國社會風俗史 —— 從住居到節氣，一探古代社會風情與人生哲理：里仁為美、折柳送別、闔家團圓，熟悉的詞彙，藏著傳統生活習慣！/ 秦永洲 著 . -- 第一版 . -- 臺北市：崧燁文化事業有限公司 , 2024.06
面；　公分
POD 版
ISBN 978-626-394-421-3(平裝)
1.CST: 風俗 2.CST: 文化史 3.CST: 中國
538.82　　113008172

中國社會風俗史 —— 從住居到節氣，一探古代社會風情與人生哲理：里仁為美、折柳送別、闔家團圓，熟悉的詞彙，藏著傳統生活習慣！

臉書

作　　者：秦永洲
責任編輯：高惠娟
發 行 人：黃振庭
出 版 者：崧燁文化事業有限公司
發 行 者：崧燁文化事業有限公司
E-mail：sonbookservice@gmail.com
粉 絲 頁：https://www.facebook.com/sonbookss/
網　　址：https://sonbook.net/
地　　址：台北市中正區重慶南路一段 61 號 8 樓
8F., No.61, Sec. 1, Chongqing S. Rd., Zhongzheng Dist., Taipei City 100, Taiwan
電　　話：(02) 2370-3310　　傳　　真：(02) 2388-1990
印　　刷：京峯數位服務有限公司
律師顧問：廣華律師事務所 張珮琦律師

定　　價：375 元
發行日期：2024 年 06 月第一版
◎本書以 POD 印製